CW01509338

QUI EST VRAIMENT
DONALD TRUMP ?

Laure Mandeville

QUI EST VRAIMENT
DONALD TRUMP ?

LE FIGARO ÉQUATEURS

Un ouvrage publié dans la collection « 361° »,
sous la direction d'Arnaud de La Grange.

contact@editionsdesequateurs.fr
www.editionsdesequateurs.fr

L'inconnue Trump

Sur la gigantesque scène de la Quicken Loans Arena, à Cleveland, une silhouette a surgi. Celle d'un homme maintenu dans l'ombre à dessein, mais marchant dans un chemin de lumière tracé par d'énormes projecteurs. Vision théâtrale et énigmatique, il se dirige vers le micro sur l'air de *We are the champions*, tandis que l'auditoire explose en applaudissements frénétiques.

Il ne fait nul doute qu'il s'agit de Donald Trump, nominé républicain de la course présidentielle 2016, dont le sacre va être orchestré au terme des quatre jours d'une Convention aux allures de grand-messe hollywoodienne, en cette fin de juillet, après treize mois de batailles sanglantes et de K.-O. stupéfiants. Mais en le regardant avancer dans l'ombre, assise dans les gradins au milieu de dizaines de milliers de spectateurs, après avoir suivi pas à pas son irrésistible ascension politique, je me dis que cette apparition est comme une métaphore de l'énorme inconnue que représente toujours le milliardaire new-yorkais. Comme une image saisissante des lourdes questions que pose la campagne présidentielle exceptionnelle à laquelle nous avons assisté. Ce personnage complexe et explosif, qui a pris d'assaut le parti républicain et fait main basse sur ses électeurs, prenant à rebrousse-poil tous les postulats idéologiques traditionnels, tous les codes de bienséance rhétorique, bref tous les mécanismes bien huilés du monde politique habituel ; cet homme, dont la silhouette se découpe en noir sur fond de lumière, ce soir-là, est devenu la page non encore écrite où chacun en Amérique projette espoirs, peurs, doutes, fantasmes, imprécations et interrogations.

Car, au fond, qui est vraiment Donald Trump ? Un diable, comme le clame le camp Clinton, le peignant tel un Dark Vador en guerre contre Hillary (qui aurait dans ce scénario le rôle de la princesse Leia sauvant le royaume d'Amérique malgré ses propres défauts) ? Ou un sauveur, seul capable d'abattre un système politique corrompu et paralysé comme l'espèrent ses fans ? Un « *imposteur* » à l'ego surdimensionné, prêt à chevaucher n'importe quelle vague populiste comme l'assène l'ancien maire de New York Michael Bloomberg ? Ou un homme d'affaires patriote sans peur et sans complexes, qui veut simplement aller à contre-courant du modèle de globalisation, de frontières ouvertes et d'immigration massive défendu par les élites occidentales depuis trois décennies, comme il le revendique ? Trump est-il un horrible raciste et machiste, qui hait les musulmans, les femmes, les Noirs et les Latinos, comme le répète inlassablement Hillary ? Ou un New-Yorkais venu du quartier de Queens qui ne fait pas de distinction entre les races et les sexes, comme l'affirment ses enfants, et se soucie comme d'une guigne des codes du politiquement correct, entendant seulement défendre le respect des frontières et des lois, à coups d'insultes si nécessaire ? Avons-nous affaire à un Reagan, en bien moins poli, qui *« va rendre sa grandeur au pays »*, comme il le promet ? Ou à un « Hitler » qui va mettre en péril cette fameuse démocratie américaine admirée et disséquée par Alexis de Tocqueville, comme le redoute une grande partie de l'élite démocrate (et une partie non négligeable de l'élite républicaine) ? Faut-il plutôt craindre en Donald Trump les penchants d'un Nixon puissance 1 000, qui pourrait user de ses pouvoirs présidentiels pour plier la réalité à ses désirs et poursuivre ses ennemis politiques de sa vindicte, vu la manière peu amène dont il semble traiter ceux qui lui résistent ? Sa personnalité imprévisible, son ego, sa rhétorique parfois incontrôlée en font-ils un candidat inapte à la fonction suprême, comme le clament Barack Obama et de nombreux politiques ? Bref, faut-il avoir peur de Donald Trump ? Et si oui, pourquoi ?

Autre question tout aussi importante : que représente Trump dans la longue histoire politique de l'Amérique ? Un accident, que les élections se chargeront de rectifier avant un retour *« à la normale »* ? Ou un tournant majeur, annonçant d'autres révoltes anti-globalisation du même ordre à travers l'Occident, comme l'a déjà été le Brexit en Grande-Bretagne ? En d'autres termes, 2016 est-il un nouveau 1789, l'heure d'un changement de régime ?

Enfin, interrogation lancinante, surtout pour nous autres Européens : que pourrait signifier l'arrivée de Trump à la Maison-Blanche quant au rôle de l'Amérique dans le monde ? Sa prise de distance vis-à-vis de l'Alliance doit-elle être prise au pied de la lettre, ce qui annoncerait un scénario très dangereux pour l'Europe ? Ou pourrait-il s'agir, de la part du candidat, d'une position rhétorique de négociation délibérément choquante, visant à préparer les Européens à faire des concessions sur le plan budgétaire pour alléger le fardeau de l'Amérique ? Faut-il voir dans ses appels à travailler avec la Russie l'expression d'une inquiétante fascination personnelle pour l'homme fort Vladimir Poutine et la volonté cynique de laisser le champ libre à Moscou dans son ex-empire, quel que soit le prix à payer pour les pays voisins ? Ou son souhait *« de bien s'entendre avec Moscou »* est-il en réalité une redite, en plus prononcée, des tentatives faites tour à tour par George W. Bush et Barack Obama pour amadouer et *« apprivoiser Poutine »* (ce qui signifie que Trump pourrait, une fois confronté à l'agressivité du pouvoir russe actuel, se voir forcé de tempérer, voire de renoncer à son rêve de réconciliation comme ses prédécesseurs) ?

Plus globalement, la démarche réaliste et nationaliste (certains vont même jusqu'à dire isolationniste)- résumée par le slogan de *« l'Amérique d'abord »* – que semble vouloir privilégier Donald Trump – serait-elle fondamentalement différente du tournant imprimé par Barack Obama ? Ce dernier s'est en effet déjà largement démarqué, notamment en Syrie, de l'approche interventionniste néoconservatrice ou internationaliste néolibérale qui a prévalu depuis des années. Au fond, quelle serait la marge de manœuvre d'un personnage comme Trump s'il arrivait à la tête de la première puissance du monde ? Jusqu'à quel point serait-il rattrapé et enserré dans le cadre d'institutions contraignantes réduisant ses options, malgré la présidentialisation du pouvoir, décrite par maints politologues américains ?

Telles sont les questions essentielles auxquelles ce livre veut essayer d'apporter, de manière succincte et la plus honnête possible, des pistes de réponse. En se nourrissant des rencontres et reportages accumulés pour *Le Figaro* en huit ans de correspondance en Amérique et quinze mois intenses de suivi de la campagne présidentielle 2016. Le livre s'inspire aussi d'un article publié par l'auteur dans la revue *Politique internationale* « Qui a peur de Donald Trump ? » au printemps 2016.

J'ai conscience du fait que beaucoup des points soulevés restent entourés de lourdes incertitudes et laisseront les lecteurs sur leur faim. *« Écrire un livre sur Trump pourrait s'avérer une entreprise aussi difficile que tirer sur une cible en mouvement »*, a réagi le professeur de théorie politique Joshua Mitchell, de l'université de Georgetown, quand je lui ai confié le projet de ce livre. Il n'avait pas tort. Malgré les milliers de tweets de l'intéressé et ses flots de paroles déversés quotidiennement sur les chaînes télévisées, malgré les millions d'articles consacrés à ce personnage hautement médiatisé depuis les années 1980, Trump nous glisse littéralement entre les doigts. Insaisissable. Inclassable politiquement avec son discours de gauche sur le commerce et les retraites, et son discours de droite sur l'immigration et le besoin d'ordre. Prenant à rebours le camp conservateur anti-moderne avec ses valeurs new-yorkaises largement libérales, mais envoyant valser le politiquement correct des hérauts du progressisme postmoderne (qui ont voulu par exemple abolir le mot de « Noël » pour ne pas offenser les minorités non chrétiennes). Parlant régulièrement à tort et à travers, comme s'il voulait brouiller les pistes, au risque d'apparaître incontrôlable et blessant. Souvent drôle aussi. Parfois presque enfantin et naïf dans sa manière de vanter ses victoires. Inquiétant par son imprévisibilité mais certainement plus complexe que la caricature qu'il projette, non conforme au monstre fasciste que les journaux américains s'acharnent souvent à décrire. Refusant de se laisser enfermer dans une case. Indomptable psychologiquement, malgré l'excommunication dont il fait l'objet dans l'élite dirigeante et les médias. Ressuscitant à chaque fois que la presse annonce sa mort politique...

L'analyse est d'autant plus délicate que le pays se déchire littéralement sur ce qu'il faut en penser. Pour un observateur étranger, discuter du « *Donald* » avec les deux Amériques qui se font face – l'Amérique pro-Trump et l'Amérique anti-Trump – ressemble à un voyage sur deux planètes totalement séparées qui ne se parlent plus et ne s'écoutent pas plus. Une expérience quasi schizophrénique, dont on ressort dans un état de confusion extrême, en se demandant parfois si les deux mondes parlent du même pays et du même homme ! Dans un article[1] où il essaie de se mettre à la place des fans de Trump, l'intellectuel républicain David Frum, qui a ouvertement annoncé son opposition à Donald Trump, a le mérite de reconnaître la réalité de cette division profonde : « *La chose peut-être la plus difficile à faire dans la politique contemporaine américaine est d'imaginer comment le monde est perçu par l'autre bord* ».

1. David Frum, « Why Trump supporters think he'll win », *The Atlantic*, 29 juillet 2016.

Une telle démarche est rare sur la planète des anti-Trump, qui rassemble le camp démocrate, un pan de l'establishment républicain et une large partie des élites intellectuelles, médiatiques, politiques et économiques du pays. Pour eux, la perspective d'une présidence du milliardaire est synonyme d'apocalypse, un peu sans doute comme l'idée d'une présidence de Marine Le Pen affole toutes les élites françaises. Le fait même d'écrire un livre sur Trump est vu comme une occupation suspecte. « *C'est la guerre* », nous confiait récemment une amie démocrate, pour expliquer qu'elle ne voulait pas fréquenter de pro-Trump. Pour certains, le danger est surtout idéologique et lié à un programme nationaliste perçu comme profondément « *non américain* », à l'aune de la tradition internationaliste et multiculturelle de l'Amérique ainsi que de la place absolument centrale qu'occupe aujourd'hui la défense des minorités dans le credo politique du camp démocrate.

Pour d'autres, le danger principal tient surtout à la personnalité de Trump, son imprévisibilité, ses remarques offensantes contre ses adversaires, sa capacité à franchir toutes les limites. Qu'il s'agisse de ses sous-entendus contre un juge mexicain (qu'il soupçonne de partialité à son endroit en raison de ses origines) ou contre la mère d'un soldat musulman américain tombé au combat en Irak (qu'il accuse de se taire parce qu'elle est soumise aux règles de l'islam)… « *La mesquinerie, la susceptibilité, la capacité de rancune et la cruauté qui semblent faire partie de son caractère sont très inquiétantes* », me confiait récemment un ancien militaire de haut rang, avouant ses grandes inquiétudes après les déclarations abruptes de Trump sur son intention de torturer, pour lutter efficacement contre le terrorisme. « *Échaudée par ce qui s'est passé sous Bush, toute la hiérarchie militaire est très préoccupée et s'interroge sur la manière dont elle devrait réagir, si elle se retrouvait sous les ordres d'un président susceptible de donner des ordres illégaux* », notait-il. Dans tous les cas, l'Amérique anti-Trump reste profondément perplexe face au personnage. Prise de court par un phénomène qui ne ressemble à rien de connu.

Au départ, c'est d'ailleurs par la moquerie et la condescendance que l'élite a accueilli l'idée d'une candidature du « *Donald* », ne pouvant croire que ce nabab charismatique, charmeur et égocentrique, connu pour étaler son succès, représente le moindre risque politique. Trop loin du « *mainstream* », ont-ils immédiatement réagi quand il s'est présenté en juin 2015, pointant du doigt son allégeance embarrassante et persistante au mouvement des « *birthers* » (en 2011), qui répandait des théories du complot stupéfiantes sur le fait qu'Obama était musulman et né à l'étranger, afin de délégitimer sa présidence. Trop débridé, ont affirmé ensuite durant des mois les observateurs unanimes, annonçant son décès politique à chacune de ses incartades, tandis que Trump s'en prenait aux immigrants illégaux mexicains « *violeurs* », à la présentatrice Megyn Kelly[1], au passé du sénateur John McCain[2] et à l'ensemble d'une classe de politiciens jugés « *stupides* » et « *incompétents* ».

1. La présentatrice de télévision Megyn Kelly, de la chaîne conservatrice Fox News, a été prise à partie par Donald Trump à l'issue du premier débat télévisé de la primaire républicaine après l'avoir interpellé sur des qualificatifs – « *cochon, grosse, moche* » – qu'il avait employés dans le passé pour qualifier certaines de ses ennemies. Furieux et pris de court, le magnat avait déclaré après le débat que Megyn Kelly semblait si agressive qu'elle paraissait avoir du sang qui « *coulait de son nez* » et de « *je ne sais où* », une expression perçue comme une allusion à ses règles, qui a provoqué un tollé et poussé nombre d'observateurs à le traiter de sexiste. Le contentieux entre Kelly et Trump a ensuite duré des mois – avant que les deux protagonistes ne se « *réconcilient* » publiquement au printemps lors d'une interview exclusive du milliardaire à la chaîne Fox News. Depuis, les accusations de la candidate démocrate sur le côté « anti-femmes » de Trump n'ont jamais cessé.

2. En plein été 2015, le milliardaire attaque gratuitement l'ancien nominé républicain John McCain, personnalité respectée et ancien pilote qui a été prisonnier de guerre au Vietnam où il a été torturé, jugeant qu'être prisonnier de guerre n'a rien à voir avec le fait d'être un héros. L'affaire déclenchera un tollé et beaucoup prédiront qu'elle marquera l'arrêt de mort de Trump, mais il n'en sera rien.

Stupéfait par la victoire de Donald Trump à la nomination républicaine, l'establishment washingtonien s'est ensuite retranché derrière une ultime ligne de défense : la personnalité inacceptable du candidat. Alors qu'il s'engageait dans la dernière ligne droite de la campagne, toute la machine politique et médiatique s'est employée à le discréditer. Et à tirer profit de ses dérapages quotidiens dans une ambiance presque hystérique de guerre totale contre lui, qui rend très difficile de discerner ce qui relève du combat ou de la critique fondée. *« Il est indigne de la présidence »*, a résumé Barack Obama, exprimant ce qui est devenu le principal angle d'attaque de la campagne Clinton et des grands médias comme CNN, le *Washington Post* et le *New York Times*. *« Les dirigeants républicains devraient le désavouer et renoncer à le soutenir »*, a-t-il ajouté à l'intention d'un Grand Old Party qui se déchire sur Trump. Certaines chaînes de télévision ont même été jusqu'à soulever l'argument de la santé mentale du candidat.

Mais dans le pays profond, quand on quitte la bulle médiatique et politique de Washington, les choses sont perçues de manière radicalement différente par les classes moyennes et populaires, qui ne tweetent ni ne regardent CNN. Non pas que les gens ne soient pas embarrassés par les « *mauvaises manières* » du Donald. « *Il pourrait fermer sa grande gueule, parfois* », concédaient en avril des pompiers, plombiers et anciens flics rencontrés dans un bar de la petite ville de Beth Page, à Long Island, juste avant la primaire new-yorkaise. Mais pas question pour autant de lui retirer leur soutien.

Depuis que Donald Trump est apparu en leur promettant de construire un mur sur la frontière mexicaine pour stopper l'immigration illégale et mettre fin aux accords de libre-échange « *injustes* » qui ont fait partir usines et emplois à l'étranger, les Américains des classes populaires ont tendu l'oreille. Ils ont bravé le froid, la neige, puis la chaleur étouffante pour affluer par dizaines de milliers dans ses meetings de campagne. Ils disent « *ne pas en revenir* » de voir enfin quelqu'un exprimer leur colère, leurs convictions et leurs idées dans un langage qu'ils comprennent. « *Trump dit les choses telles qu'elles sont, il parle comme nous* », s'étonnent-ils enchantés de ce « *milliardaire du peuple* » qui tempête contre une élite achetée par les intérêts spéciaux et les corporations. Et qui promet d'être la voix de l'Amérique « *abandonnée* ».

C'est en fréquentant cette Amérique-là que

l'on finit par comprendre une évidence. Le phénomène Trump est beaucoup plus que l'histoire de l'ambition d'une personnalité turbulente et hors du commun. La stupéfiante victoire de cet *outsider* contre seize candidats chevronnés lors de la primaire républicaine, et sa possible entrée à la Maison-Blanche, est le résultat de la rencontre d'un homme et d'une grande révolte contre les élites, l'ordre en place à Washington. Trump, au fond, n'a fait que donner voix à une vague de colère qui monte depuis des années dans les profondeurs du pays. Barack Obama avait déjà chevauché cette révolte anti-establishment en 2008, avec son slogan *«Yes we can»*, et promis de partir en guerre contre les intérêts corporatistes qui contrôlent le pays. Avant d'abandonner. *« Nous assistons à une nouvelle révolution américaine, le peuple est en train d'essayer de reprendre le contrôle du pays et de son destin »*, déclare John Frederick, un animateur radio conservateur du sud de la Virginie rencontré à Cleveland pendant la Convention. Cette révolution, explique-t-il, vise à remettre en cause l'ordre défendu par les élites occidentales depuis la fin de la guerre froide. Un nouvel ordre mondial qui aurait érigé la globalisation économique, l'immigration massive et le multiculturalisme en panacée et en unique option pour l'avenir. *« Nous ne voulons plus de ce modèle parce que les gens simples ne s'y retrouvent pas »*, dit-il.

En Amérique, comme ailleurs en Occident, les peuples qui subissent les conséquences de ce nouvel ordre, parce qu'ils ont perdu leur emploi et se retrouvent en concurrence avec une main-d'œuvre illégale prête à tout pour survivre, sont nostalgiques du monde plus cloisonné de leurs parents. Ils s'y sentaient protégés et non livrés à tous les vents d'une globalisation déracinante. Ils sont inquiets d'une dilution générale qui menace de voir disparaître leur culture nationale. Alors, ils se retournent vers l'État-nation et ceux qui promettent de lui redonner vie en renforçant les frontières. En Grande-Bretagne, cela a donné le Brexit. Aux États-Unis, l'homme qui fait cette promesse en parlant de construire un *« beau mur »*, de faire respecter les frontières et de défendre *« l'Amérique d'abord »* s'appelle Donald Trump. *« L'immigration illégale doit s'arrêter*, écrit-il dans son livre Crippled America[1]. *Un pays qui ne peut protéger ses frontières n'est pas un pays. Nous sommes le seul pays au monde dont le système d'immigration place les besoins d'autres nations au-*

---

1. Donald Trump, *Crippled America*, Threshold Editions, 2015.

dessus des nôtres. Il y a un mot pour décrire les gens qui font ça : des imbéciles. »

Si l'Amérique *« du couloir Acela »* – terme tiré du train reliant les grandes villes du Nord-Est et utilisé par David Frum pour désigner New York et Washington, c'est-à-dire les élites – le fustige en raison de son langage direct et souvent outrancier, l'Amérique profonde le plébiscite précisément pour sa liberté de ton. Une tonalité *« tellement rafraîchissante »*, nous confiait une vieille dame de soixante-dix ans, rencontrée par un froid de moins vingt degrés alors qu'elle faisait le pied de grue dans une file d'attente pour entrer dans un meeting de Trump, dans l'Iowa, en janvier. Et la vieille dame d'expliquer qu'elle lui savait gré de ne pas se laisser impressionner par les codes du *« politiquement correct »*. *« Nous aimons qu'il n'ait pas peur des médias »*, confiait-elle. *« Pourquoi la presse affirme-t-elle que Donald Trump est raciste, simplement parce qu'il veut mettre fin à l'immigration illégale ? »* ajoutait-elle. *« Un pays qui n'a pas de frontières n'est plus un pays ! Est-ce être raciste que de vouloir faire respecter les lois ? »* disait aussi un vieux pompier d'origine irlandaise de Beth Page.

Cette Amérique-là affirme, à l'unisson de Trump lui-même, que la presse américaine est biaisée et malhonnête dans son traitement du milliardaire. Elle accuse le petit monde de Washington de déformer ses propos et de les placer hors de leur contexte. Même si Trump est sans aucun doute l'homme qui fait le plus de tort à sa propre campagne, avec ses déclarations intempestives et ses propos incendiaires, force est de reconnaître que l'accusation est souvent valide. Ainsi, la campagne Clinton dit qu'il est « *anti-femmes* » et qu'il « *traite les femmes de cochons* ». Et ce parce qu'il a utilisé le mot de « *cochonne* » sur Twitter à l'encontre d'une militante d'extrême gauche, Rosie O'Donnell, qui n'avait jamais été en reste d'insultes pour attaquer violemment le magnat. Eux aussi ont d'ailleurs fini par se réconcilier. De même, Trump est accusé depuis quinze mois d'être « *anti-Latino* » parce qu'il a accusé le gouvernement du Mexique d'envoyer des criminels et des « *violeurs* » au milieu du flot des illégaux qui passent la frontière. Trump, en phase avec son électorat, réplique qu'il n'a jamais été contre l'immigration ni les Latinos, mais qu'il est scandaleux de ne pas expulser les illégaux ayant commis des crimes sur le territoire national. « *Je refuse la critique selon laquelle j'aurais voulu insulter les Hispaniques. Je sais à quel point ce sont des gens formi-*

dables et quelle est leur contribution à notre pays. Mais je n'ai pas peur des médias politiques. Le flot des immigrants illégaux est l'un des principaux problèmes auxquels nous faisons face, cela nous tue », écrit-il dans son livre *Crippled America*.

Derrière sa tentative d'explication se profile en réalité une remise en cause intuitive du tabou politiquement correct qui empêcherait toute critique de membres spécifiques d'une minorité, même si ces critiques sont justifiées au cas par cas. Son *motto* est de « *dire les choses* », même si elles font mal, dérangent et peuvent révéler les griefs des différentes identités qui forment l'Amérique. « *Il veut tout mettre sur la table, et il a raison*, notait un délégué du Maryland, rencontré à Cleveland. *Il est temps que l'Amérique se mette à avoir une conversation sérieuse sur les sujets douloureux, comme l'affrontement des policiers et des communautés noires... On nous a présenté le problème comme relevant de la seule faute des policiers, qui seraient racistes. Et c'est vrai qu'il y a des bavures inacceptables. Mais on doit aussi réfléchir sur les défis que rencontrent ces derniers.* »

Pour moi, qui ai posé mes valises à Washington début décembre 2008, juste après l'élection triomphale et exaltante de Barack Obama, le contraste est vertigineux entre le climat à mon arrivée et celui, très sombre, de cette élection qui coïncide avec mon départ d'Amérique. Comme elle paraît loin, l'euphorie qui transportait les foules à l'idée d'avoir élu le premier président noir des États-Unis. Émus à juste titre, les Américains s'étaient pris à penser qu'ils avaient dépassé la question raciale, cette blessure centrale de l'âme et de l'histoire du pays. Obama semblait sincèrement croire que la seule force du symbole qu'il représentait souderait la nation et mettrait fin à ses divisions. Il vendait le rêve d'une réconciliation entre l'Amérique et le monde musulman, persuadé que *« l'arc de l'Histoire est tendu vers la Justice »*, l'une de ses expressions favorites. Avec lui, l'Amérique se sentait confortée dans son idée d'être une sorte de paradis racial et multiculturel, l'un des mythes fondateurs de cette nation d'immigrants.

Mais huit ans plus tard ce beau rêve a vécu. Le pays a réalisé d'immenses progrès – cela ne fait aucun doute – depuis la déségrégation des années 1960. Mais, comme le montre le débat sur les violences policières vis-à-vis de la communauté noire, il apparaît aujourd'hui plus divisé qu'il ne l'était à l'arrivée d'Obama, agité de tensions raciales, religieuses, politiques, socio-économiques et culturelles violentes. Et le monde que le 44ᵉ Président espérait réconcilier se consume dans les flammes du Moyen-Orient. « *Je n'ai pas réussi à faire l'unité* », reconnaissait sombrement Barack Obama cette année dans un discours prononcé à Springfield, dans l'Illinois, le berceau d'Abraham Lincoln. L'espoir a laissé place à la désillusion, à la colère et à la désunion. Près de 69 % des Américains pensent que le pays est engagé dans une mauvaise direction.

Un contexte qui explique l'émergence de Donald Trump, presque l'exact opposé d'Obama. Le 44ᵉ Président promettait d'entraîner la nation vers un avenir radieux de fraternité. À l'inverse, se posant en candidat des temps de crise, Trump endosse « *le manteau de la colère* ». Dans son livre, *Crippled America*, il raconte d'ailleurs avoir délibérément choisi pour la couverture « *une photo de lui-même qui refléterait la colère et le mécontentement qu'il ressent, plutôt que la joie* ». « *Parce que nous ne sommes pas dans une situation joyeuse* », écrit-il. « *Obama était un unificateur, qui visait à réenchanter l'Amérique. Il allait nous guérir de toutes nos blessures, en inaugurant une ère postraciale régie par des valeurs universelles* », décrypte le professeur de théorie politique Joshua Mitchell, de l'université de Georgetown. « *Trump, lui, est un perturbateur, l'homme en colère qui nous* ramène à la réalité du monde, dans toute sa laideur et toutes ses divisions. Il n'embellit rien, il parle d'un monde rude et conflictuel. Il vend du réalisme pas du rêve. Même chose en politique étrangère. Pas d'allusion à des valeurs universelles. Juste la promesse de se battre pour les siens avant tout, dans un monde de rapports de force. » Après avoir été inondés de discours sophistiqués qui se sont révélés des faux-semblants, « *les Américains ont faim de ces vérités sombres et de ce réalisme, même si le messager est plein de défauts inquiétants* », conclut le professeur Joshua Mitchell.

Une chose est sûre. Que Donald Trump soit élu ou non, la révolte qui le porte n'est pas près de s'éteindre. Elle a déjà décimé le parti républicain sur son passage, bouleversé toutes les règles de la politique américaine et changé le pays. Même si le candidat milliardaire perd, ses électeurs resteront. Et cette révolte donne une légitimité à tous les autres mouvements anti-globalisation qui soufflent à travers l'Europe. Autant de bonnes raisons d'aller au bout de ce livre.

CHAPITRE 1

Sur la planète Trump

Au nom du père

Le soir de son discours d'acceptation de la nomination républicaine, à Cleveland, Donald Trump a secoué la tête, visiblement ému, en parlant de son père. « *Je me demande ce qu'il dirait s'il était ici pour voir tout ça ce soir !* » s'est-il exclamé en embrassant du regard les milliers de personnes qui l'acclamaient. « *Mon papa, Fred Trump, était l'homme le plus intelligent et le plus travailleur que j'aie jamais connu* », a-t-il dit.

Impossible de comprendre Donald Trump sans parler de la figure paternelle. Comme il le répète souvent, et comme le confirment tous ceux qui le connaissent de longue date, l'homme a été une figure déterminante dans la formation de sa personnalité. Une influence expliquant dans une large mesure son irrépressible ambition, sa discipline, sa persévérance, sa dureté aussi... bref, sa volonté de puissance, dans une large mesure calquée sur celle du père. « *Être un leader, c'est dans l'ADN* », aime-t-il affirmer dans ses interviews.

C'est à Brooklyn que Donald Trump naît en 1946 dans une famille de six enfants, dont il est l'avant-dernier, mais le deuxième fils. Son grand-père Friedrich Drumpf (dont les services d'immigration américains transformeront le nom) a émigré de Brême, en Allemagne, en 1885 pour gagner l'eldorado américain. C'est une personnalité aventureuse et haute en couleur. Il a tenté sa chance dans l'Ouest jusqu'à l'État de Washington, puis au Klondike au Canada, et même jusqu'en Alaska, attiré par la ruée vers l'or. Il n'y découvre pas de précieuses pépites mais amasse un capital en créant des restaurants auxquels il arrivait de vendre de la viande de chevaux morts et de servir d'hôtels de passe pour les chercheurs d'or. À son retour dans le Queens, à New York, muni de son pactole, il se met à investir dans l'immobilier, avant de mourir en 1918, à quarante-neuf ans, des suites d'une maladie.

C'est son jeune fils Fred qui va poursuivre le

rêve américain, à force de labeur et d'obstination, travaillant tout en suivant des cours du soir et en plaçant l'argent qu'il possède dans la construction d'immeubles d'habitation dans les quartiers de Queens et de Brooklyn, en pleine expansion. La crise de 1929 va anéantir ses affaires, le forçant à mettre la clé sous la porte et à acheter une épicerie pour survivre. Mais Fred Trump va rebondir, investissant de manière judicieuse dans de nouveaux programmes immobiliers, parfois avec l'appui de personnages douteux, puis raflant pour son compte un contrat d'une agence fédérale qui investit dans la construction de logements destinés aux pauvres et aux classes populaires. Accumulant bientôt une fortune qui le place dans la catégorie des millionnaires américains. En 1954, il est éclaboussé par un scandale qui met en cause le fonctionnement de cette agence et accusé de s'être enrichi aux dépens des vétérans de la Seconde Guerre mondiale (auxquels étaient destinés les logements) en fixant, avec l'accord de l'agence fédérale, un prix de construction beaucoup plus élevé que celui vraiment payé, afin d'optimiser le prix de la location. *« Je n'ai rien fait d'illégal »*, affirme-t-il devant le Congrès qui l'auditionne, avant d'expliquer qu'il a seulement profité des

« *lacunes de la loi* ». C'est apparemment la vérité, selon le journaliste américain Michael D'Antonio, qui raconte l'épisode dans un livre consacré à Trump[1]. Il apparaît cependant clairement, selon lui, que le père Trump a, par avidité, violé « *l'esprit* » de ces programmes. Le monde de l'immobilier new-yorkais de l'après-guerre dans lequel évolue la famille n'est pas un univers de conte de fées, mais une planète brutale et sans scrupules. Cette ère de forte croissance industrielle qui a vu surgir d'immenses fortunes – Rockefeller, Morgan, Carnegie, Vanderbilt... – donne la prime au succès, pas à la morale ni à la gentillesse. Un contexte qui ne va pas manquer d'influencer le jeune Donald, tenu d'une main de fer mais aussi inspiré et façonné par son millionnaire de père.

Le futur candidat grandit dans une belle maison de maître à colonnades, à laquelle on accède par dix-sept marches, dans le quartier de Jamaican Estates de Queens, une enclave de prospérité. Sa mère, une forte femme d'origine écossaise, issue d'un milieu très religieux, mais aimant recevoir et briller en public, assume la charge du foyer. Elle va toutefois tomber malade

1. Michael D'Antonio, *Never enough*, Thomas Dunne Books, St. Martin's Press, 2015.

après la naissance du petit frère de Donald, Robert, et manquera mourir après plusieurs opérations.

Élevé à la dure par son père, Donald, baptisé Donny ou « *Trumpet* » par ses pairs, est un rebelle, toujours prêt à se battre ou à entrer en compétition. Sur les photos de son enfance, on découvre un petit garçon blond, bien planté sur ses jambettes, avec une tête d'ange et un regard bleu direct. Mais c'est en fait un « *sale gosse* », qui bombarde ses professeurs de gommes et affiche un caractère provocateur. « *J'adorais me battre* », se remémore-t-il dans ses interviews avec le journaliste Michael D'Antonio, affirmant aussi avoir le sentiment « *de ne pas avoir fondamentalement changé* » depuis le cours préparatoire. « *Qui aurait pu l'oublier ?* confiait au *Washington Post*[1] une de ses institutrices, Ann Trees, quatre-vingt-deux ans. *Il était têtu et déterminé. Il se tenait assis, les bras croisés, avec un regard inquisiteur, comme s'il voulait vous défier de dire quelque chose qui ne lui aurait pas convenu.* »

Donald est apparemment si indiscipliné et si souvent puni que ses initiales DT sont utilisées pour évoquer le lieu où les élèves, collés pour

---

1. « A reputation for saying anything that came into his head », *Washington Post*, 23 juin 2016.

leur mauvais comportement, se retrouvent. Il adore tirer les cheveux des filles, faire des « *concours de pupitres* » avec ses amis, en les faisant s'emboutir les uns dans les autres. Dans le quartier, il est aussi connu pour chercher la bagarre et harceler les plus jeunes... L'une des voisines le retrouve un jour en train de jeter des pierres sur son fils, Dennis Burnham, de quatre ans son cadet. Mais il est aussi passionné de baseball, sport auquel il dédie un poème. Donald, le provocateur poète...

Quand il ne fait pas les quatre cents coups, le jeune garçon accompagne son père sur les chantiers, afin de récupérer les loyers des ouvriers qui triment pour des salaires de misère. Il découvre que ceux qui n'ont pas les moyens de payer en temps et en heure risquent l'expulsion. Une réalité qu'il n'oubliera jamais et qui a sans aucun doute contribué à solidifier sa vision hobbésienne d'un monde sans concession, « *fait de gagnants et de perdants* ». Ces souvenirs expliquent sans doute pourquoi Trump, tout milliardaire qu'il est devenu, ne se soit jamais senti proche de l'élite bien née, qu'il qualifie, avec un sens de la formule qui le caractérise, de « *club du sperme chanceux* ». Parlant plus comme un ouvrier des chantiers de construction que comme un fils de famille de la côte Est, il a clairement conservé une relation instinctive avec le peuple, qui lui vient de l'enfance. D'où son stupéfiant succès pendant la campagne. « *C'est grâce à mon père que j'ai appris dès mon plus jeune âge à respecter la dignité du travail et la dignité des ouvriers. Il était beaucoup plus à l'aise en compagnie des maçons, des charpentiers et des électriciens, et j'ai beaucoup de ça en moi aussi* », a-t-il raconté à ce sujet dans son discours de Cleveland, pendant la Convention républicaine. Dans leurs adresses respectives, son fils Donald Trump Jr. et sa fille Ivanka ont expliqué avoir vécu le même type de « *formation* » avec leur père, allant sur les chantiers, apprenant à conduire les grues et discutant avec les ouvriers. « *Ce qui explique que nous ne nous soyons jamais considérés comme des fils de riches* », a raconté notamment Donald Jr.

C'est un paradoxe car, nous l'avons dit, Donald Trump a grandi dans le luxe. Son père, qui le forçait à travailler comme livreur de journaux pour apprendre la valeur de l'argent et le sens de l'effort, lui prêtait néanmoins sa limousine pour accomplir sa tâche quand il neigeait ! « *Il me disait que j'étais un roi* », a confié Trump à D'Antonio. Mais Fred Trump, un traditionaliste qui élève ses enfants à l'ancienne, sûrement pas dans la soie, apprend aussi à Donald à travailler sans relâche et à se montrer intransigeant pour survivre. « *Sois un tueur* », lui recommande-t-il, selon les confidences faites par Donald à Michael D'Antonio.

Cette philosophie carnassière ne va pas profiter à toute la fratrie de la même manière. La dureté et l'ambition de Fred vont détruire le fils aîné, Fred Jr., au caractère doux et sociable. Original, plus dilettante, fêtard aussi, incapable de satisfaire la soif abyssale de réussite que son père nourrit pour lui, il sera mis au ban de la famille pour avoir choisi une carrière de pilote et pour avoir sombré, sans doute sous la pression familiale, dans l'alcool et l'autodestruction. Il sera déshérité par son père, de même que ses enfants, avec l'apparent accord de Donald et du reste de la famille. Il mourra à quarante-trois ans, après un véritable naufrage personnel et professionnel, réduit à habiter dans l'un des appartements paternels, où il travaillera... dans une équipe de maintenance des immeubles Trump. Une blessure familiale qui semble avoir beaucoup marqué Donald, longtemps petit frère admiratif de la personnalité ouverte et charmeuse de son aîné, mais qui n'hésitera pas à reprendre à son compte l'ambition dévorante du père, au point de devenir son préféré et son héritier désigné.

Mais, entre-temps, il a dû apprendre à survivre. Après l'avoir pris en flagrant délit d'achat de lames de rasoir dans le but de jouer les personnages à la *West Side Story* dans les rues de Queens, à l'âge de treize ans, son père le retire brutalement de l'école privée qu'il fréquente pour l'envoyer à l'Académie militaire de New York (dans le New Jersey), située près de la rivière Hudson, à quelques kilomètres de l'Académie de West Point. Une sacrée « *leçon* » de vie, pour un adolescent de cet âge, qui va avoir une influence importante sur son caractère. Dans son livre, *Never enough*, le journaliste Michael D'Antonio se demande si cette dureté a pu avoir des conséquences sur son caractère : « *Il a été banni de la maison familiale. Pour quelqu'un qui avait vécu avec sa famille dans une ambiance de luxe, c'était un début assez dur dans la vie.* » Trump nie avoir été traumatisé, affirmant que cette expérience lui a, au bout du compte, profité en lui apprenant la discipline et en renforçant son caractère.

Pour en savoir plus sur les cinq années que le jeune Donald a passées dans cette Académie, je me suis rendue au salon de thé *Black Cat*, sur

Long Island, à une heure de route de Manhattan, pour y retrouver Sandy McIntyre, qui était aussi à l'Académie et connaissait bien Donald à l'époque, même s'il est de trois ans son cadet. « *Nos pères se fréquentaient, nous allions au même club sur la plage, à quinze minutes d'ici, et on avait chargé Donald de s'occuper de moi. Il jouait volontiers les grands frères* », se souvient Sandy, soixante-sept ans, un poète joufflu aux cheveux un peu longs et à l'épaisse moustache, qui affirme n'avoir jamais eu à se plaindre de Donald, qui était « *gentil avec lui* ». Sandy dit avoir « *haï* » ces années à l'école militaire autant que Donald les aimait, mais avoir été « *protégé* » par son aîné, après avoir été persécuté par le redoutable instructeur Theodore Dobias, que Trump considère, lui, comme son mentor. « *Dobias était très dur, il m'a bizuté lors de séances de boxe brutales* », raconte McIntyre, encore traumatisé. Des pratiques dont Donald négociera l'arrêt en privé avec Dobias, « *peut-être parce que sa famille avait la puissance financière pour le faire* », suppute Sandy. Peut-être aussi en raison de ses fameuses capacités de négociation…

Dans plusieurs interviews, Trump dit se souvenir avec affection de son mentor Theodore Dobias, un personnage apparemment très dur qui a, selon lui, beaucoup fait pour lui apprendre la discipline. Il reconnaît toutefois que l'homme était impitoyable et violent dans ses méthodes. « *À cette époque, ils vous frappaient dur. Ce n'était pas comme aujourd'hui où l'on se retrouve en prison pour avoir frappé quelqu'un… Il pouvait être un sacré salaud. Il nous bousculait durement. Il fallait apprendre à survivre* », a raconté Trump, selon des propos rapportés par Michael D'Antonio dans son livre. Ledit Dobias (que j'aurai brièvement au téléphone avant qu'il ne décède récemment) a pour sa part confié au journaliste que « *Donald voulait être le premier en tout et qu'il voulait que les autres sachent qu'il était le premier… Il aurait fait n'importe quoi pour gagner* ». Un trait de caractère qui éclaire évidemment son comportement actuel vis-à-vis de ses adversaires et son peu de souci des convenances pendant la primaire républicaine.

L'instructeur Dobias a aussi expliqué qu'il avait nourri ses élèves des principes de vie suivants : respecter l'autorité ; donner l'exemple par votre apparence et vos manières (un précepte suivi scrupuleusement par Donald Trump, qui déteste les apparences négligées) ; être fier de sa famille ; être fier de soi-même. « *Trump était toujours fier de lui-même* », a confié l'ancien militaire à D'Antonio. « *Il pensait qu'il était le meilleur.* » Le jeune homme, qui excelle en sport et travaille bien, sera d'ailleurs promu responsable d'une compagnie d'élèves, un honneur, même s'il sera ensuite muté à un autre poste, après une affaire de bizutage survenue au sein de son groupe (à laquelle il n'avait pas participé selon McIntyre).

Auprès de nombre de ses anciens camarades, Donald a aussi laissé le souvenir d'un personnage qui aimait parader avec de belles filles, somptueusement habillées, débarquées de New York pour le voir. *« Le chéri de ces dames »*, titrera le journal de l'Académie, en publiant des photos de lui avec plusieurs de ses conquêtes.

La théorie de son compagnon de l'Académie Sandy McIntyre est que *« la dureté de Donald comme son attitude macho avec les femmes sont le reflet de son éducation militaire »*. *« Contrairement à la plupart d'entre nous, qui avons dû être confrontés à la vraie vie, Donald a reçu les millions de son père et n'a donc pas eu à faire l'ajustement. Il a gardé cette même philosophie brutale sur les gagnants et les perdants, les forts et les faibles »*, avance-t-il, le jugeant totalement inapte à assumer la charge présidentielle. D'autres de ses camarades affirment au contraire qu'il a toujours eu le profil d'un leader. Quand il quitte l'Académie, Donald confie à l'un de ses amis qu'il est persuadé qu'il sera célèbre. « *Tu seras président* », lui rétorque ce dernier.

L'assurance impériale démontrée par Trump dès ses années d'enfance cachait-elle, en réalité, l'anxiété suscitée par les déboires de son grand frère ? Peut-être. Selon plusieurs articles consacrés au sujet, Donald Trump aurait essayé à plusieurs reprises de défendre son aîné contre le harcèlement répété du père, mais aurait fini par s'irriter de ses dérives, de sa faiblesse de caractère, de son incapacité à se défendre et à reprendre le contrôle de lui-même. Pendant ses années d'études à l'université de Fordham, puis dans la prestigieuse école d'économie de Wharton (à l'université de Pennsylvanie), Donald ne se laissera pour sa part jamais aller à la boisson ni à la drogue qui dominent la scène universitaire des années 1960, en pleine libération des mœurs. Pendant que de nombreux étudiants font pousser leurs cheveux, fument des joints et rêvent de « *peace and love* », Donald reste concentré sur sa réussite. Il ne boit pas d'alcool, ne fume pas. Mène une vie saine. Tous les weekends, tandis que les autres « *s'éclatent* », il rentre à New York travailler sur les chantiers, pour « *apprendre le métier* » avec son père. Dans une récente interview accordée au *New York Times*, l'homme d'affaires explique qu'il avait *« tiré les leçons »* des mauvais choix de son frère – qui lui avait d'ailleurs enjoint de ne pas suivre son exemple. Donald s'était promis de ne pas se laisser submerger ou dominer par les autres. *« La vie, c'est survivre. C'est toujours une question de survie »*, a confié Trump à Michael D'Antonio.

Dans la jungle hobbésienne de New York

Pour comprendre le nominé républicain de la course présidentielle, le fil d'Ariane new-yorkais est tout aussi fondamental que celui qui le relie à son père. *« J'aime New York »*, répète Trump à qui veut l'entendre, évoquant la tradition de *« dur labeur »* de la cité qui ne s'endort jamais, mais aussi son *« courage magnifique »* après le 11 Septembre. Cette cité verticale de pierre, de béton et de verre dressée vers le ciel, pleine de testostérone, va devenir le *« terrain de jeu »* grandiose sur lequel grandira l'ambition du jeune Donald Trump. Cette dernière le poussera à quitter Brooklyn, où son père l'a associé à ses affaires, pour se lancer à la conquête de Manhattan, à travers des projets immobiliers beaucoup plus pharaoniques : la construction de tours pour tous les nouveaux riches qui émergent dans les années 1980. *« Je ne voulais pas me contenter de bien gagner ma vie. Je cherchais à affirmer quelque chose. Je voulais construire quelque chose de monumental, quelque chose qui nécessiterait un gros effort »*, explique-t-il dans *L'Art de la négociation*[1]. New York la mégalomane va se révéler un monde à sa mesure.

En quelques années, l'homme devient l'un des plus célèbres bâtisseurs et promoteurs immobiliers de la « Grosse Pomme », plantant ses racines dans la 5ᵉ Avenue, juste à côté du magasin Tiffany's, avec la construction de son navire amiral, la Tour Trump. Avant d'aller propager son enseigne en grosses lettres dorées aux quatre coins de la ville, du pays, puis de la planète. Une réussite colossale qui révèle une formidable capacité à naviguer dans les eaux agitées d'un monde des affaires peuplé de requins sans foi ni loi. Une forme d'hubris aussi.

---

1. Donald J. Trump with Tony Schwartz, *Trump, the Art of the Deal* (L'Art de la négociation), Ballantine Books, 1987. Cette autobiographie, qui sera écrite en 1987 par le reporter Tony Schwartz et deviendra un best-seller vendu à des millions d'exemplaires, a marqué un tournant dans la carrière de Donald Trump. Elle en a fait un personnage public très connu et poussant des millions d'Américains à rêver de devenir comme lui. Schwartz a récemment affirmé qu'il avait arrangé la réalité pour présenter une image plus positive du personnage, il peint aujourd'hui Trump comme un Narcisse inapte à la présidence (voir chapitre 5).

On peut facilement imaginer le sentiment de puissance du magnat, quand il s'élève vers les hauteurs de sa tour, par l'entrée réservée aux habitants des luxueux condominiums qu'y a fait aménager le milliardaire, sur la 56e Rue. Une vieille connaissance du « Donald », Guido Lombardi, homme d'affaires ayant longtemps fait partie de la Ligue du nord en Italie et aujourd'hui impliqué informellement dans sa campagne, habite au 63e étage, juste au-dessous du candidat présidentiel, dont le somptueux appartement et les bureaux occupent les étages 66 à 68. La vue, qui ouvre vers le nord, sur Central Park et l'hôtel Plaza, y est absolument spectaculaire, « la plus belle de tout Manhattan », affirme Donald Trump avec son goût de l'hyperbole. Guido Lombardi me raconte que le magnat a aussi acheté les « droits » lui permettant d'empêcher qu'un building intempestif ne vienne un jour lui cacher sa vue majestueuse, au-dessus du magasin Tiffany qui jouxte la Tour Trump.

Dans son livre à succès *The Art of the Deal*, qui ne semble décidément pas avoir vieilli d'un pouce tant les enseignements qu'il y développe semblent s'appliquer à sa philosophie actuelle, Trump reconnaît volontiers sa volonté de puissance et la décrit comme un moteur formidable.

« *L'une des clés de la réussite est la concentration totale. Je perçois ce phénomène comme une forme de névrose contrôlée qui est une qualité que j'ai observée chez de nombreux entrepreneurs qui ont très bien réussi. Ils sont obsessionnels, motivés, ils sont totalement focalisés sur un seul but, presque maniaques… Alors que d'autres personnes sont paralysées par la névrose, eux sont aidés par elle. Je ne dirais pas que ce trait mène au bonheur ou à une vie meilleure, mais c'est un atout énorme pour arriver à vos fins. C'est particulièrement vrai dans l'immobilier new-yorkais, un domaine où l'on a affaire à certaines des personnes les plus affûtées, les plus coriaces et les plus vicieuses du monde. J'adore aller au combat contre ces gars-là et j'adore les battre* », explique-t-il.

Maints observateurs qui ont suivi son parcours tendent à sous-estimer ses talents d'homme d'affaires, rappelant qu'il n'est pas un *self-made-man* mais un héritier, et qu'il n'aurait sans doute pas réussi sans les millions de son père. « *Il était déjà riche quand il s'est lancé, et il a pu utiliser l'assise financière de sa famille et ses relations politiques locales* », note par exemple Gwenda Blair, auteur d'une biographie sur la dynastie Trump[1]. Un diagnostic qui a le don de

1. Gwenda Blair, *The Trumps, three Generations of Builders*, Simon and Schuster, décembre 2001.

mettre Donald très en colère. Veillant sur sa réputation avec une attention ombrageuse, il réplique que son père ne lui a légué qu'un ou deux millions et qu'il a maintenant une fortune qui s'élève à près de huit milliards de dollars[1].

Le talent, difficilement discutable de Trump, sera de faire fructifier le patrimoine paternel en installant ses projets immobiliers au cœur de Manhattan, afin de cibler une nouvelle clientèle : non plus les classes populaires et moyennes, mais les grandes fortunes qui émergent à la fin des années 1970 et dans les années 1980. « *Il a compris que certaines personnes, plutôt que de cacher leur richesse, voulaient au contraire l'exhiber* », juge Gwenda Blair. « *Il a su deviner les goûts des nouveaux riches, parce que ce sont aussi les siens. Il est ce que l'on appelle ici un* booster, *c'est-à-dire quelqu'un qui va doper le développement économique d'une ville ou d'un État* », ajoute Michael Lind, auteur d'une histoire économique des États-Unis[2].

Dans *The Art of the Deal*, Donald Trump raconte les supposés secrets de sa réussite. Il

---

1. Le montant total de la fortune de Donald Trump reste sujet à controverse. Le magnat l'évalue à environ huit milliards, mais les observateurs affirment que ce chiffre pourrait être surévalué, d'autant qu'il s'est refusé jusqu'ici à publier sa déclaration d'impôt.

2. Michael Lind, *Land of Promise, an Economic History of the United States*, HarperCollins, 2013.

commence par décrire une semaine typique de sa vie de milliardaire, magnat de l'immobilier. *« La plupart des gens sont surpris par la manière dont je travaille,* écrit-il, *je reste très flexible. Je ne porte pas d'attaché-case. Je ne programme pas trop de meetings sur mon agenda. Je laisse ma porte ouverte... Vous ne pouvez faire preuve d'imagination ou d'esprit d'entreprise si vous avez une structure trop rigide. Je préfère venir au travail chaque jour, et voir comment les choses se développent »,* poursuit Trump, décrivant une approche pragmatique qui révèle le côté instinctif et artisanal de sa manière de travailler. Un mode de fonctionnement apparu également très clairement pendant sa campagne présidentielle, menée à l'instinct et en grande partie en solo, avec une équipe extrêmement restreinte, contrairement aux armées de consultants, conseillers et lobbyistes qui peuplent le quartier général de campagne d'Hillary Clinton. Dans son livre, Trump parle d'ailleurs déjà de son refus de faire confiance aux conseillers en marketing, qui ont, selon lui, le chic pour vous faire payer des centaines de milliers de dollars pour vous dire ce que vous auriez deviné en réfléchissant pendant cinq minutes tout seul.

Un certain nombre de personnes semblent

néanmoins avoir joué un rôle clé en arrière-plan pour guider Trump dans sa montée en puissance. L'une de ces personnalités était Roy Cohn, un avocat d'affaires à la réputation sulfureuse qui avait aidé notamment le sénateur Joseph McCarthy dans sa campagne contre les communistes et les époux Rosenberg dans les années 1950. Donald n'a pas trente ans quand il rencontre dans une boîte de nuit cet avocat redoutable, à la fois conseil des cinq plus grandes familles de la mafia new-yorkaise et de l'archevêché[1].

Cohn va aider Donald Trump et son père à faire cesser des poursuites pour discrimination raciale, lancées par le département de la Justice pour défendre des locataires noirs dont ils avaient voulu se débarrasser parce qu'ils ne payaient pas leur loyer. L'avocat leur conseillera de ne pas céder, affirmant que l'autre partie n'a aucune chance de gagner si les Trump ont par ailleurs d'autres locataires noirs, ce qui est le cas. Pour contrer les accusations du ministère, Cohn mettra en place une défense à l'artillerie lourde, sortant toutes sortes d'accusations extravagantes sur la partie adverse, et faisant même accroire que l'un des procureurs

---

1. Ces détails sont racontés notamment par Wayne Barrett dans une interview à la radio NPR en août 2016.

était intéressé par des relations sexuelles avec Donald ! Les deux parties finiront par s'entendre... Entre Trump et Cohn, c'est le début d'une coopération qui va durer des années, Cohn devenant le guide du jeune magnat dans la jungle new-yorkaise. Ses connexions politiques – notamment avec le maire de New York – au moment où Trump entame son ascension économique et sociale sont capitales pour comprendre son succès, note le reporter Wayne Barrett, qui a enquêté à loisir sur les deux hommes pour le journal *Village Voice*. Il raconte que Cohn était beaucoup plus qu'un avocat pour Trump. Un véritable mentor, qui lui a appris à ne pas avoir peur de la mauvaise publicité et à en tirer parti, lui enseignant aussi sa stratégie de contre-attaque au-dessous de la ceinture, abondamment utilisée par le magnat pendant sa campagne présidentielle. « *Déjeuner avec Cohn était comme déjeuner avec Satan* », affirme Wayne Barrett dans une interview à la radio NPR. Dans son livre *The Art of the Deal*, Trump rend hommage à sa loyauté et son intelligence, tout en reconnaissant être conscient d'avoir eu affaire à un personnage au passé trouble. « *Est-ce vrai tout ce dont vous êtes accusé ?* » lui a-t-il demandé un jour. « *À votre avis ?* » lui aurait demandé Cohn. « *Je n'ai jamais su* », conclut Trump, énigmatique…

Comme le révèlent de nombreux articles destinés à lever le voile sur les zones d'ombre des pratiques de Donald Trump, d'autres « *pirates* » du même style ont gravité dans son orbite. Plusieurs personnalités liées à la mafia seront présentes dans son entourage pendant ses investissements à Atlantic City[1]. C'est aussi l'époque où apparaît Roger Stone, avocat d'affaires controversé, une « *sorte de génie mais diabolique* » passé par les équipes de Nixon et de Reagan, nous confie une source républicaine. Il a toujours joué le rôle de chien d'attaque du magnat et continue de s'illustrer dans ce rôle, notamment avec ses critiques féroces contre les Clinton[2]. L'arrivée, ce printemps, à la tête de la campagne Trump d'un autre lobbyiste sulfureux, Paul Manafort, qui a été l'un des associés de Stone et a travaillé pour nombre de régimes autoritaires, dont le président ukrainien Viktor Ianoukovitch et le dictateur philippin Marcos,

1. David Kay Johnston, « Just what were Donald Trump's ties to the mob ? », *Politico*, 22 mai 2016.

2. L'avocat et consultant Roger Stone a été présenté à Donald Trump par l'avocat Roy Cohn. Personnage controversé, il a aussi été un conseiller de Reagan et de Nixon. Il a quitté l'équipe de Donald Trump à l'automne 2015 mais reste très impliqué dans la campagne, comme porte-voix pro-Trump et anti-Hillary…

semble indiquer que Donald Trump n'a aucun état d'âme à utiliser des mercenaires de la politique et du business pour arriver à ses fins. Manafort a depuis été remercié, en raison du scandale qui a éclaté, concernant les millions en liquide qu'il aurait touchés du régime ukrainien pro-russe de Viktor Ianoukovitch[1]. Mais il est légitime de se demander si Donald Trump renoncerait à ce type d'intermédiaires, qui agissent souvent dans la zone grise des affaires et de la politique, s'il devenait président.

Les avis restent dans tous les cas très partagés sur les talents de Donald Trump comme homme d'affaires. Ses soutiens soulignent l'impressionnant empire qu'il a constitué, gérant

---

1. Paul Manafort, un ancien associé de Roger Stone, a succédé à Corey Lewandowski comme directeur de campagne de Donald Trump au printemps 2016, alors que l'éventualité d'une Convention disputée était encore dans les cartes. Craignant de ne pas obtenir le chiffre de 1 237 délégués nécessaires pour arracher la nomination, le milliardaire anticipait une possible levée de boucliers de l'establishment à Cleveland et a décidé d'embaucher le « fixeur » providentiel Manafort, qui avait participé à la Convention contestée de 1976 pour le président Ford. Manafort, un expert des batailles de coulisses, cherchera à présidentialiser la campagne de Donald Trump en le forçant notamment à utiliser un téléprompteur dans ses meetings pour éviter les dérapages dont il est coutumier. Mais il devra finalement s'effacer, après des révélations scandaleuses sur le fait qu'il aurait touché quatorze millions de dollars en liquide de l'ancien gouvernement ukrainien pro-Poutine de Viktor Ianoukovitch. Manafort a travaillé avec nombre de dictateurs véreux à travers le monde. Il a aussi eu un rôle dans l'affaire des frégates de Taïwan, qui avait éclaboussé le gouvernement du Premier ministre français Édouard Balladur.

des dizaines de milliers de personnes et construisant des tours, des golfs et des hôtels de très grande qualité. *« Ce qu'il fait est au top »*, nous affirme par exemple une source républicaine très haut placée dans le parti qui connaît Donald Trump depuis des décennies, mais préfère garder l'anonymat.

Mais un autre avis, défendu notamment par plusieurs journalistes économiques, est bien plus mitigé. Ils pointent notamment du doigt ses déboires dans le secteur des casinos d'Atlantic City, sur la côte Est, où ses entreprises, affaiblies par la crise et incapables de payer leurs dettes, ont dû être placées sous la protection de la loi américaine sur les faillites. L'effondrement du casino Taj Mahal – qui devait être un nouveau symbole de l'empire Trump mais fut la première de ses sociétés décrétée en banqueroute en 1990 – a fait l'objet d'enquêtes particulièrement approfondies, vu le fiasco qu'il représenta pour son propriétaire. Pour éponger les dettes, Donald Trump n'eut d'autre choix que de se résoudre à abandonner la moitié de ses parts et à mettre en vente son yacht et son jet privé. Dans un article récent, le *Washington Post*[1] souligne que l'his-

---

1. Robert O Harrow, « Trump's bad bet : How too much debt drove his biggest casino aground », *Washington Post*, 18 janvier 2016.

toire du Taj Mahal est d'une vive actualité : Trump avait initialement réussi à convaincre les actionnaires de le suivre sur cet investissement en arguant de la puissance de son nom, de ses capacités de négociateur et du fait qu'il serait soutenu par les banques sur le projet. *« Exactement ce que Donald Trump fait aujourd'hui avec les électeurs : il leur vend la force de son nom et de son pouvoir de négociation pour les persuader de le soutenir »*, met en garde le quotidien. Mais, dans la tourmente qui soufflait sur le business des casinos, l'homme d'affaires se révéla incapable de tenir ses promesses. Pour développer ses projets, il dut faire appel à des emprunts à taux d'intérêt prohibitifs (*junk bonds*), ce qu'il avait toujours exclu. Cet endettement contribua ensuite à précipiter la faillite du Taj Mahal et d'autres casinos de son groupe.

Trump se défend aujourd'hui en expliquant qu'il s'est finalement bien sorti du guêpier d'Atlantic City grâce à ses talents de négociateur et qu'il fut loin d'être le seul touché par la tempête. Ce qui est vrai. Il reste que, même si le milliardaire n'a pas été mis personnellement en faillite, il est permis de mettre en doute les bénéfices qu'a vraiment tirés la ville d'Atlantic City de son association avec lui... Toute une série de reportages réalisés ces derniers mois dans la presse pointe les milliers de gens qui se sont retrouvés au chômage à cause de lui. Une vive controverse entoure aussi un autre projet passé du milliardaire, l'Université Trump, un établissement privé, aujourd'hui fermé, qui proposait à ses étudiants de leur donner les clés de la réussite en les formant aux secrets de l'immobilier, du marketing et du commerce. Des milliers d'anciens élèves se sont portés partie civile dans plusieurs procès toujours en cours, accusant Donald Trump de les avoir trompés et escroqués. Les ennemis du milliardaire y voient une preuve supplémentaire de sa malhonnêteté, selon eux intrinsèque, de sa capacité à vendre des promesses qu'il ne peut tenir.

Un ancien journaliste du *Wall Street Journal*, Neil Barsky, qui a suivi la trajectoire de Trump pendant des années, affirme que ce dernier n'a jamais été un homme d'affaires avisé, jouant souvent des coups de poker, mais réussissant à négocier ses sorties *« avec un sens surnaturel »* de la psychologie de ses interlocuteurs. Camouflant ses échecs pour pouvoir survivre et contracter de nouvelles dettes, affirme-t-il aussi. Il note que tous les gens qui ont essayé de dire la vérité sur l'état de ses affaires se sont retrouvés menacés.

C'est notamment ce qui lui est arrivé, après ses révélations fracassantes sur la faillite imminente du Taj Mahal en 1990. *« Trump m'a envoyé une lettre d'avertissement me disant que j'étais une honte pour ma profession »*, raconte-t-il dans le *Washington Post*, décrivant de nombreuses tentatives d'intimidation. Il précise que Donald Trump a réussi à le piéger en lui faisant proposer des tickets pour un match de football (qu'il a eu la faiblesse d'accepter), puis a révélé dans un autre journal qu'il s'était fait payer ces billets, pour le discréditer. Le journaliste décidera dès lors, en accord avec sa rédaction, de ne plus couvrir le milliardaire. Il raconte aussi comment il a ensuite revu un jour Donald Trump. *« Il m'a dit : "Vous m'avez frappé, je vous ai frappé. Nous sommes quittes en ce qui me concerne." »* Trump ira même jusqu'à envoyer cinq mille dollars par chèque à la fondation humanitaire dont lui a parlé ledit reporter !

Mais, face à tous ceux qui veulent égratigner l'image de sa compagnie, il reste un cerbère, exigeant de ses collaborateurs, et même de ses épouses successives, qu'ils signent des accords de confidentialité ultra-stricts, afin de les décourager de révéler les secrets de son entreprise. Ses critiques disent que cette manière d'être donne une idée de ce que serait Trump comme président. Rancunier, poursuivant en justice ceux qui l'attaquent et intimidant ceux qui cherchent à savoir la vérité... Mais l'homme d'affaires réplique invariablement qu'il ne fait que défendre les intérêts de son empire.

Si son obsession de préserver le mythe Trump est aussi forte, c'est que l'homme d'affaires sait à quel point son succès est intrinsèquement lié à la légende – vraie ou très arrangée – qu'il a su construire autour de son empire. Ce qui caractérise en effet Donald Trump et lui a toujours donné un avantage par rapport à d'autres promoteurs, c'est sa capacité à faire savoir, autant que son savoir-faire. Le bouillonnant promoteur a su comprendre très tôt à quel point argent, réputation et célébrité avancent main dans la main. Dès les années 1980, Donald se met donc à construire sa légende, délibérément, obstinément. Il devient l'un des piliers des clubs et des soirées où il faut se montrer pour prouver que l'on fait partie du cercle qui compte. Il continue à ne pas boire, mais ce grand amateur de femmes s'affiche avec des mannequins, ouvre les portes de ses luxueux appartements aux journalistes, exhibe volontiers son jet à cent millions de dollars aux ceintures de sécurité dorées et son yacht de cent mètres de long. Il multiplie les apparitions télévisées et – au gré notamment de ses trois mariages et de ses deux divorces – fait régulièrement la « une » des magazines people, assumant sans complexes une notoriété tapageuse. Cette célébrité va lui permettre de devenir leader dans le business du « *branding* » et d'accoler son nom à des hôtels de luxe en Floride, à des clubs de golf, à des vignes de Virginie, à des cravates, à des chemises, à de la viande de bœuf ou encore à des sources d'eau minérale…

En sus de *The Art of the Deal*, ouvrage destiné à présenter au commun des mortels les règles de base du monde des affaires et expliquant aux lecteurs comment « *réussir leur vie* », il publiera près d'une quinzaine de livres, tous vendus à des millions d'exemplaires, pour alimenter le mythe de sa réussite. C'est cette omniprésence – au carrefour de la communication et du business – qui va lui assurer une popularité stupéfiante. À la fin des années 1980, Donald Trump est classé septième parmi les hommes les plus admirés en Amérique, derrière le pape Jean-Paul II, Lech Walesa et les quatre présidents américains alors toujours en vie. Dans le bûcher des vanités de la ville dont il contribue en première ligne à dessiner la silhouette, il passe autant de temps à faire parler de lui qu'à construire ses tours, faisant de la mise en scène de son nom son levier de négociation le plus précieux. Avec le lancement de son émission de téléréalité *The Apprentice* (L'Apprenti) dans les années 2000, sa stratégie de « *vente de sa réussite* » va franchir une nouvelle étape.

Trump et la petite lucarne

La limousine glisse sur la 5e Avenue, laissant entrevoir une forêt de gratte-ciel à travers les vitres fumées. La caméra s'attarde sur la porte d'un gigantesque immeuble rutilant, où se détachent les lettres d'or d'un nom célèbre : TRUMP. Puis elle se porte sur l'intérieur du véhicule, pour révéler une silhouette masculine installée sur le siège arrière, dans une pénombre étudiée. Ce jour de 2004, à une heure de grande écoute, le milliardaire Donald Trump apparaît à l'écran dans un costume chic pour lancer son émission de téléréalité *The Apprentice*, qui deviendra l'un des succès télévisés les plus retentissants des dernières décennies, avec près de trente millions de téléspectateurs à son zénith. Pour cette première, il explique qu'il a sélectionné seize jeunes entrepreneurs américains – huit hommes et huit femmes – qui concourront pendant seize semaines et seront progressivement éliminés, avant qu'un gagnant n'émerge. Ce dernier se verra offrir une place de président d'une des compagnies de l'empire Trump, pendant un an, avec *« un salaire énorme ! »* précise le milliardaire. Quand il retrouve les candidats, logés somptueusement dans une suite d'hôtel de ce roi de l'immobilier, Trump donne tout de suite le ton de l'exercice. *« Ce sera dur, et sans concession. Mais le jeu en vaut la chandelle. »* À l'issue de la première épreuve, jouée entre l'équipe des filles et celle des garçons – qui consiste à vendre le plus de limonades possible dans les rues de New York –, les filles sont loin devant. Donald les récompense en les emmenant visiter *« le plus bel appartement de New York »* – le sien –, un gigantesque loft saturé de meubles dorés, de lustres en cristal et de fontaines d'un goût discutable, à la vue plongeante sur le Skyline de Manhattan, dans la Tour Trump...

Son côté nouveau riche sans complexes, sa fierté presque enfantine font grincer des dents les élites intellectuelles. Mais ce fils d'un père âpre à la tâche, qui devint multimillionnaire en construisant des immeubles pour les classes populaires d'après-guerre, s'en moque. C'est avec jubilation qu'il offre du rêve à l'Amérique moyenne qui a toujours aimé les riches – contrairement aux Français – et qui en redemande. De ce côté-ci de l'Atlantique, tout le monde pense qu'on peut devenir riche en une vie. *« L'amour de l'argent est soit la principale, soit la deuxième motivation à la racine de tout ce que font les Américains »*, rappelait déjà Alexis de Tocqueville, qui avait décidément tout compris. Trump, qui est aussi là pour *« vendre sa marque et son nom »* – et du même coup décupler sa fortune –, fascine parce qu'il est l'incarnation de cette ambition-là. *« Son sens de ce que veut le public n'a pas d'équivalent à notre époque. Personne dans les dernières décennies n'a réussi à capter l'attention des Américains aussi longtemps que cet homme »*, constate Michael D'Antonio.

Mais l'émission *The Apprentice* est aussi bâtie sur l'idée que, pour réussir, il faut savoir se battre, prendre des risques et *« être le meilleur »*. À chaque épisode, Donald Trump apparaît d'ailleurs dans le rôle de la statue du Commandeur pour rendre son verdict. Il se moque des uns, des autres, tâte, soupèse, réprimande les beaux parleurs ou les maladroits. Puis finit par trancher. *« Vous êtes viré »*, lance-t-il au *« condamné »* d'un ton sans réplique, après avoir évalué les performances. Cette formule, qui est devenue l'une des plus célèbres du vocabulaire populaire, a certainement aussi contribué à l'engouement de la population pour l'émission et pour Trump lui-même, analyse le professeur de théorie politique Joshua Mitchell, de l'université de Georgetown. *« Elle rappelle aux Américains une vérité essentielle, à savoir que l'on peut échouer, que nos actes ont des conséquences et qu'il y a toujours des gagnants et des perdants, réalité à laquelle les politiciens ne sont plus soumis et à laquelle l'enseignement actuel refuse de préparer les élèves »*, ajoute-t-il. Les Américains sont fascinés par l'homme d'affaires parce qu'il leur vend à la fois un rêve de succès et un principe de réalité. Deux ingrédients que l'on retrouve au cœur de sa campagne actuelle.

Fascinés par *The Apprentice*, les Américains vont prendre l'habitude de « leur » rendez-vous hebdomadaire. Le *« Donald »* entre dans leur foyer. Le pays ne sera donc pas du tout étonné quand il verra surgir Trump à l'horizon politique. Avec lui, ils sont en terrain familier ! Pour beaucoup de ses fans, ses apparitions permanentes à la télévision en tant que candidat, souvent fracassantes, toujours distrayantes, semblent comme le prolongement de sa présence passée dans sa célèbre émission. Dans un pays qui a érigé la politique en jeux du cirque dans une proportion sans doute inégalée ailleurs – avec ses grands-messes, ses flonflons, ses débats et ses psychodrames souvent très scénarisés –, Donald Trump, roi du spectacle, dispose *a priori* d'un avantage.

Le clan Trump, « famille royale » en campagne

« Félicitations Papa, nous t'aimons ! » Soudain, en cet été 2016, on les a vus tous alignés, entourés par la délégation de l'État de New York, en pleine Convention républicaine. Eux, c'est-à-dire la brochette des enfants Trump, qui occupent une place absolument clé dans le dispositif politique qui pourrait mener le milliardaire new-yorkais jusqu'à la Maison-Blanche en novembre. Donald Jr., trente-huit ans, les cheveux bruns lissés en arrière, l'allure conquérante et résolue, le même menton volontaire que son père. Ivanka, la fille préférée, physique de mannequin et intelligence politique redoutable, Eric, le deuxième fils du premier lit, lui aussi très impliqué dans la campagne. Et Tiffany, vingt-

trois ans, fille de son deuxième mariage, tout juste sortie de l'université.

C'était en fin d'après-midi à Cleveland, au deuxième jour de la Convention, pendant le décompte du vote annoncé à haute voix par les délégations des différents États, processus qui allait permettre l'annonce officielle de la victoire de Donald Trump. Dans le parterre, dans la Quicken Loans Arena, où nombre de délégués arboraient des chemises aux couleurs du drapeau américain et des chapeaux de cow-boy, Donald Jr. a pris le micro pour annoncer d'une voix de stentor avoir « *l'immense honneur de faire basculer son père du côté de la victoire* », grâce aux quatre-vingt-neuf délégués de New York. « *Mon père a réussi à créer un mouvement en parlant aux vrais Américains et en leur donnant une voix !* » a-t-il lancé. Trois heures plus tard, il réapparaissait, pour prononcer le discours sans doute le plus percutant de la Convention. « *Vous voulez savoir quel genre de président il sera ? Laissez-moi vous raconter comment il a géré ses affaires* », a lancé Donald Jr., qui est aujourd'hui vice-président de la Trump Organization. « *Il ne s'est pas caché derrière un bureau dans une suite pour* top executives. *Il a passé sa carrière avec des Américains simples, sur les chantiers de construction, à faire couler du béton. Il chérissait leurs opinions autant, et souvent plus, que celles des gars d'Harvard et de Wharton* », a crié le jeune homme. Donald Jr. a décrit un homme qui refuse le mot « impossible », aime profondément son pays et ne « *s'en remet pas à des spécialistes pour se forger une opinion* ». Il s'est insurgé contre les accusations de racisme qui fusent contre son père en raison de ses positions musclées sur l'immigration et l'islam, affirmant que son père avait toujours promu les gens en fonction de leur caractère et de leur éthique de travail, rien d'autre. « *À ce jour, beaucoup de* top executives *de notre compagnie ont commencé comme ouvriers... Mon père voit chez les gens le potentiel que d'autres patrons sous-estimeraient car leur CV ne comporte pas le nom de collège prestigieux.* » Le lendemain, c'était au tour d'Eric et de Tiffany de faire un éloge vibrant de leur père. Et finalement celui d'Ivanka, au quatrième jour de la Convention, qui a elle aussi défendu avec ardeur le caractère de son père, un « *combattant qui ne vous lâchera jamais* ».

Il n'est pas rare de voir des membres de la famille de politiciens apparaître dans une campagne, en Amérique. Épouses présentes au côté de leur homme (ou vice versa avec Hillary). Enfants souriants qui montent sur la scène pour montrer que le candidat est un bon père de famille, valeur essentielle dans ce pays toujours très chrétien. Tout cela fait partie de la tradition américaine. Mais clairement, sur la planète Trump, la famille joue un rôle plus important encore, un peu à la Kennedy. Surtout les enfants. Beaux, intelligents, pleins d'assurance, ils apparaissent comme les meilleurs avocats du candidat, les preuves vivantes de ses qualités. Ils fonctionnent comme une véritable brigade de soldats voltigeurs, envoyés au combat en première ligne, là où Donald ne peut être.

La famille de Donald Trump est singulière puisqu'il s'agit d'une famille recomposée élargie : sa femme Melania et ses cinq enfants, Donald Jr., Eric, Ivanka, Tiffany et Barron, issus de trois mariages différents. Même ses deux précédentes épouses Ivana et Marla, à l'occasion, le défendent ardemment. Melania, sa très belle épouse slovène, qui a pris la citoyenneté américaine, a passé un mauvais moment à la Convention. Après un discours au départ salué, mais dont on a découvert qu'il avait repris mot pour mot trois passages d'une adresse prononcée par Michelle Obama en 2008, donnant lieu à des accusations de plagiat ! Des photos révélant le corps nu sculptural de ce mannequin slovène dans les bras d'une autre jeune femme, du temps où elle posait sans pudeur dans les magazines people, ont également fait le tour des réseaux sociaux, poussant cette personnalité à se mettre en retrait. Elle a d'ailleurs expliqué que, si elle devenait Première Dame, elle jouerait un rôle très traditionnel de soutien à son époux et d'éducation pour son fils Barron, dix ans.

Mais les enfants sont en revanche très présents sur le devant de la scène, dans un rôle beaucoup plus politique. Entourant le candidat, le défendant et participant en coulisse aux décisions de campagne. Le *New York Times* a ainsi rapporté que Donald Jr., Eric et Ivanka avaient joué un rôle clé pour aider leur père à sélectionner le candidat à la vice-présidence, entrant en contact avec le gouverneur de l'Ohio John Kasich pour tenter de le convaincre d'accepter une place sur le ticket. « *Il serait en charge de toute la politique étrangère et intérieure* », aurait suggéré Donald Jr., à quoi l'un des collaborateurs de Kasich aurait demandé de quoi s'occuperait alors le président... « *Il s'occupera de rendre sa grandeur à l'Amérique* », aurait répliqué Donald Jr., non sans humour, selon le *Times*[1].

1. Ces informations ont été démenties par la campagne Trump.

Devant le refus obstiné de Kasich de se laisser tenter, Donald, Ivanka et Eric auraient alors convaincu leur père de donner sa préférence au gouverneur de l'Indiana Mike Pence – personnalité calme et réfléchie ayant une grande expérience du Congrès, et très aimée des conservateurs – plutôt qu'à des personnalités plus ombrageuses et plus contestées, comme l'ancien *Speaker* Newt Gingrich ou le gouverneur du New Jersey Chris Christie. Jouant là encore un rôle de frein positif, pour le faire basculer du côté « *du choix de la sagesse* ».

Les observateurs soulignent en particulier « *l'atout cœur* » que représente la fille cadette de Donald Trump, qu'il a formée exactement comme ses frères à assumer des responsabilités au sommet de son empire. Elle occupe actuellement le poste de vice-présidente en charge du développement et des acquisitions dans la compagnie de son père. La jeune femme, blonde et distinguée, a été décrite par *Politico* comme « *le pouvoir tranquille derrière le trône de Trump* ». Connue pour son calme olympien, en contraste avec le caractère bouillonnant du père, elle semble en revanche avoir hérité de son aplomb. « *Mon père m'a toujours encouragée et poussée autant que mes frères* », a-t-elle expliqué, pour prouver que ce dernier ne fait « *aucune différence entre les hommes et les femmes* ». « *S'il ne considérait pas les femmes, il ne m'aurait pas nommée vice-présidente* », a-t-elle ajouté, notant que les actions de son père « *parlent plus fort que tous les mots des politiciens qui parlent d'égalité des sexes mais ne font rien sur ce sujet* ». Ivanka, qui n'est ni démocrate, ni républicaine, et avoue ne pas être « *toujours d'accord avec lui* », n'en défend pas moins bec et ongles son père, expliquant que la brutalité de certains de ses propos s'explique par la violence des attaques dont il est victime. « *Il dit ce qu'il pense et c'est rafraîchissant, car chez beaucoup de politiciens vous ne savez jamais si ce qui sort de leur bouche reflète leur point de vue* », a-t-elle lancé lors d'un débat organisé avec la famille Trump par CNN. « *Mon père a un cœur énorme et aime vraiment les gens, tous les gens* », a-t-elle ajouté, pour contrer les accusations de racisme qui pèsent sur lui.

Lors de la Convention, Ivanka a promis de faire campagne pour les femmes, au côté du milliardaire, affirmant vouloir notamment se battre pour les mères de famille qui travaillent et souffrent de discrimination dans les entreprises. Un message destiné à l'électorat féminin que la campagne Clinton considère comme son terrain de chasse privilégié... Son père a indiqué qu'Ivanka pourrait fort bien travailler dans son équipe à la Maison-Blanche, s'il est élu. *« On peut mettre en doute les vues de Trump »*, notait récemment Mika Brzezinski, fille du grand intellectuel Zbigniew Brzezinski, journaliste qui a critiqué les positions du magnat milliardaire, *« mais quand on rencontre ses enfants, on ressort en doutant de nos propres questions »*.

CHAPITRE 2

Mr Trump s'en va à Washington

Il était une fois un ouragan politique à la tignasse blond orangé que personne n'attendait. Il se met à souffler un beau jour de juin 2015, le 16 du mois pour être tout à fait exact, quand Donald Trump annonce qu'il a décidé de partir à la conquête de la Maison-Blanche. Un peu comme le héros du film de Frank Capra *Mr Smith Goes to Washington*, un *outsider*, novice en politique, qui décide de se présenter au Sénat pour protester contre les intérêts corporatistes qui gouvernent la politique. Là s'arrête toutefois la comparaison. Car si Mr Smith, interprété par James Stewart, est un inconnu, sorti du peuple, innocent et pur, Donald Trump, tout *outsider* qu'il soit, est loin d'être un agneau. Propriétaire d'un empire d'hôtels, d'immeubles et de golfs qui pèse plusieurs milliards de dollars, créateur et vedette de l'émission de téléréalité la plus regardée du pays, il est l'un des hommes les plus puissants d'Amérique. L'un des symboles aussi de ce monde des « *intérêts spéciaux* » qui contrôlent dans une large mesure Washington, et qu'il entend désormais combattre. Parce que, dit-il, « *il veut rendre à l'Amérique tout ce qu'elle lui a donné* ».

C'est d'ailleurs de son quartier général dans la Tour Trump, symbole de son insolente fortune et navire amiral de son empire, sur la 5ᵉ Avenue, que Donald Trump, costume bleu et cravate rouge, orchestre son entrée en campagne, debout sur son fameux escalator aux reflets cuivrés, en présence de sa femme. « *J'annonce officiellement que je vais concourir pour le poste de président des États-Unis. Nous allons rendre à notre pays sa grandeur* », lance le promoteur milliardaire, reprenant ainsi le slogan qu'avait employé Ronald Reagan lors de la campagne de 1980.

« *Le meilleur programme social d'un pays, c'est l'emploi, et je serai le plus grand président créateur de jobs que Dieu ait jamais créé* », déclare le candidat à l'investiture républicaine, avec l'immodestie qui le caractérise. Il dénonce la désindustrialisation de l'Amérique et les termes des traités de libre-échange qui, selon lui, affaiblissent le pays. « *Je ramènerai nos emplois de Chine et du Mexique ; je ramènerai notre argent »*, insiste-t-il, s'indignant de l'endettement colossal des États-Unis vis-à-vis de Pékin et de la *« stupidité »* des responsables politiques américains qui acceptent cet état de fait. *« Il est temps de ramener un vrai leader à Washington. La réalité est que le rêve américain est mort ; mais si je gagne, je le ferai revivre, plus fort, plus grand et meilleur qu'avant »*, proclame le magnat. Sur sa lancée, il s'attaque bille en tête à la question de l'immigration illégale, l'autre phénomène qui, à ses yeux, porte atteinte aux intérêts du pays. Il promet d'y mettre fin en édifiant un mur sur la frontière avec le Mexique, note que les voisins mexicains *« ne nous envoient pas les meilleurs »* et dénonce *« les violeurs et les criminels »* cachés dans le flot des illégaux qui passent la frontière. La saillie, reprise par toute la presse, va susciter un torrent de protestations dans les milieux libéraux, poussant plusieurs grandes entreprises à dénoncer leurs accords commerciaux avec l'empire Trump, sous la pression de groupes latinos qui l'accusent de racisme. Les médias, pour leur part, se gaussent du projet électoral du célèbre milliardaire de l'immobilier. Nul ne comprend alors qu'en prenant à bras-le-corps la question des frontières et en se posant en homme fort capable de protéger les intérêts du pays contre les vents de la globalisation, de l'immigration illégale et du terrorisme islamiste, l'homme d'affaires new-yorkais vient de toucher un jackpot électoral qui va le propulser treize mois plus tard jusqu'à la couronne de la nomination républicaine.

L'Amérique d'abord : immigration, commerce, sécurité, le triptyque trumpien

« *Ils sont en état de panique terminal. Ils entendent les cris des paysans par-delà les collines, ces paysans qui arrivent avec leurs fourches !* » Malgré les apparences, cette déclaration décrivant la panique de l'establishment face à la rébellion qui s'est levée dans le pays n'est pas de Donald Trump. Prononcée à Nashua dans le New Hampshire en 1996, elle est du républicain Pat Buchanan, qui monta plusieurs campagnes présidentielles entre 1992 et 2000 sur le thème du nationalisme économique et de la lutte contre l'immigration illégale, donnant des frissons à l'élite de son parti, avant de s'essouffler. Plus littéraire que les tweets abrupts du milliardaire new-yorkais, elle ne rappelle pas moins à notre souvenir que les thèmes repris aujourd'hui à son compte par Donald Trump ne datent pas d'hier.

Pat Buchanan ne ressemble pas du tout à son « héritier » politique. Grand et distingué, intellectuel, résolument conservateur, cet ancien conseiller de Richard Nixon et de Ronald Reagan, soixante-dix-huit ans, nous reçoit dans sa grande demeure blanche de McLean, à deux pas de la CIA, dans une forêt de Virginie. Rien de clinquant ici. Les murs sont tapissés de livres. Dans une encoignure du salon, où l'ancien politique garde les souvenirs de ses années à la Maison-Blanche, on le reconnaît, jeune encore, sur une grande photo en compagnie de Reagan, quand celui-ci apprend, les yeux remplis d'effroi, que la fusée Challenger vient d'exploser en vol. Sur une autre photographie, plus ancienne, Buchanan est en voyage en Chine, avec Nixon… « *Reagan était une pâte d'homme*, dit Buchanan. *Nixon, lui, était extrêmement avisé, il voulait toujours avoir l'avis de tout le monde, car il voulait tout embrasser, même les évolutions les plus marginales.* »

Quand je lui demande si le ton des campagnes était alors aussi agressif qu'en 2016, Pat Buchanan juge que « *la politique est devenue plus grossière… Les campagnes étaient rudes mais les gens ne s'insultaient pas comme aujourd'hui* », dit-il. Mais sur le fond Buchanan voit dans la campagne iconoclaste que mène Donald Trump une continuité évidente avec ses combats. Il a écrit d'ailleurs plusieurs articles positifs sur la campagne du milliardaire et dit être « *en termes amicaux* » avec lui. Il ajoute que ce rapprochement est amusant, car, en 2000 par exemple, Trump et Buchanan s'étaient retrouvés en compétition au sein du parti de la réforme, qui présentait son propre candidat contre George W. Bush. Trump avait finalement abandonné. « *Il m'a traité de nombreux noms d'oiseau* », se souvient Buchanan en riant. À l'époque, Buchanan incarnait un courant jugé marginal et extrême par le parti républicain, en raison de son opposition claire à l'immigration illégale et aux traités de libre-échange. Il était aussi en opposition avec l'idée d'une Amérique gendarme du monde, un thème que va également lui emprunter Donald Trump. « *J'ai écrit* La Grande Trahison, *puis* La Fin de l'Occident *qui proposaient des solutions mais le pays était alors trop occupé par la robe bleue de Monica Lewinski pour s'y intéresser* », se souvient-il, mi-amusé, mi-amer. Avec l'arrivée de Donald Trump, il constate avec satisfaction que ses idées ont été placées au cœur du débat politique. « *Les Américains ont vu les fruits des politiques passées. Nous avons maintenant onze millions d'illégaux dans notre pays et nous avons perdu six millions d'emplois dans le secteur manufacturier entre 2000 et 2010 »*, décrypte-t-il.

Dans *The Apprentice*, Trump avait vendu du rêve. Dans la campagne présidentielle de 2016, il commence par vendre un tableau très noir de l'Amérique. Le diagnostic qu'il porte sur le pays est que ce dernier *« va très mal »*. *« Nous perdons sur tous les fronts, nous ne savons plus gagner »*, martèle-t-il sur le chemin de la campagne, au moment ou le pays semble pourtant sortir de la crise et a réussi à ramener son taux de chômage à 5 %. Ce diagnostic pessimiste se révèle totalement en phase avec la désillusion qui marque la fin des années Obama. Le rêve *« Yes we can »* du premier président noir américain, qui espérait réconcilier l'Amérique avec elle-même, s'est enlisé dans les luttes partisanes et la paralysie du Congrès, reflet d'un pays profondément divisé. La reprise économique a, certes, sorti les États-Unis du chômage de masse et de la dépression, mais les salaires sont bas, les emplois précaires et les inégalités plus gigantesques que jamais. Entre, d'une part, un petit groupe de riches qui ne cessent de s'enrichir et, de l'autre, une classe moyenne qui s'est prolétarisée. Le coup d'arrêt porté à la bulle d'endettement privé qui permettait aux Américains de compenser leurs maigres salaires en achetant des produits chinois bon marché leur a ouvert les yeux sur les dégâts de la globalisation.

À l'extérieur, les conflits se multiplient et le terrorisme djihadiste gagne du terrain. Les longues guerres que les États-Unis ont menées au prix de lourds sacrifices, en Afghanistan comme en Irak, semblent n'avoir porté aucun fruit durable : au contraire, le monde apparaît plus instable et plus dangereux que jamais. Les Américains sont inquiets de la porosité des frontières, de la multiplication des attentats islamistes, du recrutement de *« loups solitaires »* par les réseaux terroristes via Internet. Ben Laden a été tué, mais l'État islamique a surgi en lieu et place d'Al-Qaïda, décapitant des otages américains, faisant exploser les frontières de l'Irak et de la Syrie et promettant de semer le feu, le sang et la discorde à travers la planète. Du coup, bon nombre de citoyens ont le sentiment croissant de ne plus être protégés…

À cette détresse, Trump répond par le slogan *« l'Amérique d'abord »*, une réaction nationaliste qui promet de protéger le pays et de lui rendre sa grandeur. Cette promesse s'orchestre autour de trois axes majeurs : lutte contre l'immigration illégale, protectionnisme assumé, sécurité.

Premier axe : la lutte contre l'immigration

illégale. Trump brise le consensus qui rassemble depuis des années républicains et démocrates autour d'une approche « douce » et humaniste de la question (consistant essentiellement à tolérer le flot des illégaux et à leur permettre de vivre et travailler dans une zone grise). Il dénonce l'hypocrisie générale, celle des républicains qui profitent de l'immigration illégale parce qu'elle fournit de la main-d'œuvre bon marché, comme celle des démocrates qui recherchent le soutien des votes hispaniques. Le milliardaire s'engage à « *passer réellement à l'action* ». Il annonce son intention d'édifier à la frontière avec le Mexique un mur – « *très haut, très beau* » –, ajoutant : « *La construction, je sais faire.* » Il assure dans le même souffle qu'il renverra chez eux les onze millions d'illégaux présents dans le pays, et ne les autorisera à revenir que de manière légale. Il invoque la nécessité de recréer « *de vraies frontières* ». « *Parce qu'un pays sans frontières*, assène-t-il, *n'est pas un vrai pays.* » Un programme que les élites jugent à la fois incendiaire et totalement irréaliste mais que le peuple, exaspéré par l'impuissance de Washington, plébiscite. Sur ce point, le candidat à l'investiture républicaine prône une politique comparable à celle que promeut en

France Marine Le Pen. Il jure de se montrer ferme là où les politiciens traditionnels semblent avoir renoncé. C'est là l'une des grandes raisons de son succès.

Deuxième axe : le protectionnisme commercial. Là aussi, à l'instar de Marine Le Pen de l'autre côté de l'Atlantique, Trump appelle à refuser l'irréversibilité des vents de la globalisation et à revenir sur les traités de libre-échange, qui, depuis les années Clinton, ont été l'un des éléments clés de la doxa économique des élites démocrates comme républicaines. « *Nous allons renégocier avec la Chine et le Mexique. Les accords qui ont été signés sont mauvais pour l'Amérique* », affirme-t-il, s'appuyant sur son art du *deal* pour convaincre les électeurs qu'il arrachera à Pékin et à Mexico des conditions plus favorables, ce qui permettra de faire revenir de nombreux emplois aux États-Unis. La plupart des économistes jugent la promesse illusoire même si certains d'entre eux, jadis farouchement libres-échangistes, comme le clintonien Larry Summers, commencent à agiter le concept de « *patriotisme économique*[1] », reconnaissant avoir « *peut-être été trop loin* » dans le credo globaliste. Mais sur ce

---

1. Larry Summers, « How to embrace nationalism responsibly », *The Washington Post*, 10 juillet 2016.

dossier comme sur de nombreux autres, Trump convainc parce que le « *peuple* » ne croit plus à l'« *expertise* » des élites. Cette population veut essayer autre chose et voit dans le magnat l'homme capable de révolutionner le *statu quo*. Le succès obtenu par le sénateur socialiste Bernie Sanders pendant la primaire démocrate, affichant des positions très similaires sur la nécessité de renoncer au libre-échangisme systématique, est de ce point de vue très révélateur d'un état d'esprit qui transcende les partis. Hillary Clinton, jadis partisane des accords de libre-échange avec la zone Pacifique et Atlantique, a d'ailleurs dû totalement changer son discours sur ce point pour se mettre au diapason de l'opinion.

Le troisième volet clé est sécuritaire. Donald Trump se présente en shérif aux larges épaules qui remettra de l'ordre aussi bien à l'intérieur qu'à l'extérieur du pays. Ce slogan de « *candidat de l'ordre* », complètement assumé lors de la Convention de Cleveland dans son discours d'acceptation de la nomination, rappelle la campagne présidentielle de Richard Nixon en 1968 et son appel à « *la majorité silencieuse* ». « *Nous serons un pays de générosité et de chaleur. Mais nous serons aussi un pays de droit et d'ordre* », prévient le candidat républicain, sans cacher sa filiation. Trump veut à la fois s'afficher comme le candidat qui ramènera la paix dans un pays traversé de profondes fractures, notamment entre forces de police et communautés de couleur, et comme le candidat de la fermeté absolue contre le terrorisme islamique. *« Les attaques contre notre police et le terrorisme dans nos cités menacent notre mode de vie. Tout politicien qui est incapable de le comprendre n'est pas apte à diriger notre pays »*, dit-il. Tout en reconnaissant, malheureusement du bout des lèvres, que les pratiques de la police vis-à-vis des Noirs (les séries d'innocents abattus sans raison ou à la suite de bavures) posent un réel problème de maintien de l'ordre, le candidat républicain prend clairement la défense de l'institution policière, en affirmant que *« les vies bleues comptent »*, pas seulement les vies noires. Il promet de punir avec la plus grande sévérité les personnes qui s'attaqueraient aux forces de l'ordre. *« J'ai un message pour vous tous. Le crime et la violence qui affligent notre nation prendront fin bientôt. Dès le 20 janvier 2017, la sécurité sera restaurée. »*

Ce plaidoyer pour la fermeté intervient alors que plusieurs Afro-Américains isolés, qui affirment vouloir faire justice pour les bavures policières multiples et choquantes qui ont mené à la mort de plusieurs membres innocents de la communauté noire, ont lancé des attaques répétées contre la police. Abattant cinq policiers à Dallas au mois de juin, puis plusieurs autres dans d'autres villes du pays, ouvrant une crise majeure. *« Attaquer notre police, c'est s'en prendre au pays tout entier »*, a lancé Trump. Il va s'appliquer à projeter la même image de fermeté sur la question du terrorisme islamique, ne concédant pas un pouce de terrain aux élites du pays qui l'accusent d'exagérer le problème ou d'exacerber la méfiance de la nation vis-à-vis de la minorité musulmane, notamment quand il appelle à interdire l'entrée aux États-Unis aux ressortissants musulmans originaires de pays frappés par le terrorisme. Pendant la primaire, le candidat avait même appelé à interdire tous les musulmans en *« attendant qu'on y voie plus clair »*, proposition extrême qu'il a finalement retirée suite au tollé général.

Pour comprendre pourquoi ces propositions ont un tel écho, il est utile d'écouter Dana White, républicaine, afro-américaine et ancienne conseillère de John McCain. *« Donald Trump a remporté la mise au parti républicain parce qu'il redonne son sens au mot "limites" »*, m'explique-t-elle un jour que nous nous retrouvons à Washington pour discuter de cette stupéfiante campagne en plein mois d'août. Les gens ont besoin de limites, de lois, et c'est particulièrement vrai dans ce pays qui a été construit sur le respect des lois. De manière générale, l'Ouest a été le moteur d'un monde construit sur des règles, par opposition au désordre des pays d'arbitraire. Ce que les gens veulent dire intuitivement quand ils votent pour Trump, c'est que les États ont besoin de frontières exactement de la même manière que les individus ont besoin de limites. Pourquoi dénoncer en Trump un raciste quand il appelle à expulser les illégaux et les invite à revenir en respectant les règles ? L'Occident a perdu sa capacité à dire : *« C'est ma maison, il y a des limites à ce que vous pouvez y faire. »* *« De ce point de vue-là*, dit Dana en riant elle-même de la comparaison qu'elle esquisse, *Trump est la figure du Papa. Comme Papa, il est embarrassant, il dit des choses que nous ne supportons pas d'entendre, qui nous mettent mal à l'aise, voire nous scandalisent. Mais c'est quand même un Papa, qui vous dit la vérité et vous rappelle que si vous ne respectez pas la règle vous allez vous retrouver puni ou en difficulté, parce que la vie est faite ainsi. J'ai parfois le sentiment que les sociétés occidentales sont comme les adolescents que nous élevons aujourd'hui. Sans limites claires. On peut détester Trump et Dieu sait qu'il a des défauts. Mais ce n'est pas parce qu'on le rejette qu'on peut facilement rejeter le message qu'il nous livre. À savoir que la loi est la loi, et qu'oublier ce principe est en train de mener l'Occident à sa perte. »*

Sus aux élites

La mise en avant du thème nationaliste et de celui de l'ordre n'aurait sans doute pas suffi à propulser Trump en tête de la course à l'investiture républicaine s'il n'avait ajouté à ses propositions une charge véhémente *« contre les élites »*. Il doit largement son succès à l'idée, martelée en permanence, qu'il est indépendant vis-à-vis de la classe dirigeante et qu'il fait campagne *« contre eux et malgré eux »*. Contrairement à tous ses rivaux, le milliardaire s'est refusé à utiliser au cours des primaires les services des Super PACs [1] et à puiser dans les millions de généreux donateurs. Il a autofinancé sa campagne, limitant drastiquement les coûts grâce à sa présence permanente et quotidienne dans tous les médias télévisés qui se pressent pour lui donner la parole. *« Mes rivaux dépensent les millions des gens*

---

1. Les Super PACs (ou *Political Action Committees*) sont des structures *ad hoc* créées pendant les campagnes pour lever des fonds destinés à financer une cause particulière ou un candidat.

qui les contrôlent. Moi, je ne leur dois rien. C'est pourquoi je ferai ce qui est bon pour le pays », n'at-il cessé de répéter, s'engageant à mettre fin à un « *système de corruption politique* » auquel il admet avoir participé en tant qu'homme d'affaires. « *Croyez-moi*, raconte-t-il aux foules qui accourent à ses meetings, *je connais bien les politiques car j'ai donné de l'argent à tous, démocrates et républicains. J'étais obligé de le faire pour défendre mes affaires, c'est la règle du jeu du système. Je sais à quel point ils sont faibles et dépendants.* »

Naturellement, ce positionnement iconoclaste suscite une levée de boucliers de l'élite politique et médiatique. Celle-ci est aujourd'hui liguée pour faire barrage au « *grossier personnage* ». Une campagne « *Non à Trump* » a battu son plein pendant la primaire. Émissions, articles critiques, rafales de publicités négatives financées par des Super PACs alimentés par de grands donateurs, stratégies destinées à le faire échouer à la Convention négociée de Cleveland, réunions de *brainstorming* visant à présenter un « candidat surprise » à l'élection générale : tout a été envisagé mais a spectaculairement échoué. À moins de cent jours de l'élection, une fraction du parti républicain continuait encore de caresser l'idée de désavouer Trump comme candidat et de le remplacer ! Mais jusqu'à ce moment, ces attaques se sont toujours retournées en faveur du milliardaire.

Haro sur le politiquement correct

L'une des principales manières, pour Trump, d'être en guerre contre les élites, a été son refus de se laisser emprisonner dans les codes de langage et de comportement qui prévalent dans l'establishment politique et médiatique. L'un des attraits de Donald Trump pour ses fans, c'est qu'il est politiquement incorrect dans un pays qui l'est devenu à l'excès. Sur les musulmans, sur les maux de l'immigration illégale ou sur le mot même de Noël (dont le nom est peu à peu remplacé par le terme de « *Joyeuses fêtes* » pour ne pas risquer de blesser les religions autres que la religion chrétienne). Il « *dit les choses telles qu'elles sont* », apprécient ses partisans, d'autant moins gênés par ses formules souvent décapantes ou offensantes qu'ils se disent exaspérés par la police quasi orwellienne de la pensée qui s'est installée dans les médias et les universités, menant les étudiants à réclamer des « *espaces protégés* » au nom du droit à ne pas être offensés par les opinions des autres ; et forçant le corps professoral à une autocensure de plus en plus acrobatique. Beaucoup d'Américains voient en Trump une sorte de Candide capable de rétablir une forme de bon sens, et prêt à défendre l'Amérique traditionnelle dont ils ont la nostalgie. À sa manière provocatrice et décomplexée, Trump, comme Nixon et Reagan avant lui, redonne la parole à cette « *Amérique de Papa* » face à une culture « *progressiste* » et postmoderne si préoccupée de la « *défense des minorités* » – raciales, religieuses ou sexuelles – qu'elle semble considérer que tous les maux de la société et du monde sont le fait de « *l'homme blanc, hétérosexuel, chrétien et occidental* ».

« *Sa grande force, et la raison pour laquelle il fait fureur, même chez les chrétiens traditionalistes, malgré ses deux divorces, ses trois mariages et ses valeurs new-yorkaises libérales (pro-gay, pro-avortement), c'est qu'il réintroduit l'idée du sauvetage nécessaire du pays* », explique Pat Buchanan. « *Les gens veulent rester ce qu'ils sont... et ce phénomène est très évident aussi en Europe, où l'on assiste à un retour de l'ethno-nationalisme partout* », me confie-t-il, persuadé que l'on va aller vers une explosion de l'Union européenne et un retour aux frontières nationales. Les adversaires de Trump partagent l'analyse mais y lisent un appel déguisé et inquiétant au racisme et au « *nativisme*[1] » de populations blanches qui se sentent menacées par la montée en puissance de communautés immigrées de plus en plus nombreuses. Les partisans du milliardaire récusent l'accusation de racisme, mettant en avant leur attachement à leur culture et leur désir de la préserver. Un état d'esprit qui rappelle celui des partisans anglais du Brexit, nous confie le journaliste britannique Ben Judah, de passage à Washington cet été.

Le candidat de Twitter

Au-delà de tous ses slogans, ce que vend le candidat Trump en campagne c'est... surtout lui-même ! Son profil d'homme d'affaires qui a réussi. Ses capacités de négociateur. Son caractère indomptable et bagarreur. Son côté *bad boy* qui fait peur et qui projette de la force. Son image d'*outsider* anti-système et pragmatique,

---

1. Le nativisme est un terme américain destiné à désigner une crispation identitaire qui privilégie les gens de souche et rejette les étrangers non nés dans le pays. Le courant nativiste des « *Know nothing* » naît dans les années 1840, dans les classes moyennes anglo-saxonnes protestantes, furieuses de l'arrivée d'une importante immigration irlandaise. Ce courant, d'abord une société secrète, sera ensuite structuré en parti politique, The American Party, en 1854, avant de se dissoudre avec l'émergence des deux grands partis démocrate et républicain.

sans idéologie arrêtée. « *Il est* le *programme, la recette magique offerte aux citoyens pendant un avis de tempête* », analyse son biographe Michael D'Antonio. « *Il se propose en remède. D'après lui, sa personnalité et ses capacités de leader – de nature presque génétique – permettraient de changer les choses* », ajoute l'auteur, pour sa part très sceptique. Une approche qui établit, malgré les différences fondamentales que nous avons notées, une forme de similarité avec Obama, présenté lui aussi pendant sa campagne comme LA potion magique contre les maux de l'Amérique.

La manière très étudiée dont Trump « *vend* » son image et sa personne aux électeurs – ses cheveux, ses mimiques, ses postures sur scène – est à cet égard significative. Novice en politique, l'homme n'en est pas moins un maître de la « *com* » qu'il pratique avec un brio, une audace et un manque de scrupules qu'on ne retrouve chez aucun de ses concurrents, assénant des « *vérités* » qui se révèlent souvent des exagérations ou des mensonges. À travers son compte Twitter, suivi par au moins onze millions de personnes, il peut lancer ses idées, voir ce qui accroche ou fascine, et adapter son discours en fonction des tendances qu'il décèle. Plus que jamais, le mot qui tue, qui piège, qui émeut ou qui détruit, a pris le pas sur les débats de fond. Souvent, Donald Trump se retrouve piégé par son « *jouet* », tweetant trop vite. Hillary Clinton a tenté de tourner en dérision cette utilisation massive de Twitter par son adversaire, en affirmant dans son discours d'acceptation de la nomination démocrate que « *quelqu'un qui se laisse ferrer par un tweet n'est pas digne de détenir les codes nucléaires* ».

Mais ce maniement très personnalisé et très centralisé de la communication politique et des réseaux sociaux permet d'anticiper les mouvements de l'opinion. Il y a désormais un rapport presque organique entre le milliardaire et le monde de la communication au sens large (médias traditionnels et réseaux sociaux), chacun nourrissant l'autre dans un rapport quasi fusionnel. Donald Trump, de ce point de vue, fait exploser les méthodes traditionnelles de marketing politique, un univers que Barack Obama avait déjà commencé à bouleverser en 2008 en investissant Internet. « *Le Donald* » invente une nouvelle manière de faire campagne au XXIe siècle.

Sanglante primaire : l'OPA de Trump sur le parti républicain

Quand Donald Trump annonce sa candidature en 2015, ceux qui le connaissent ne sont pas vraiment surpris. « *Il y avait longtemps qu'il caressait l'idée* », me confirme une source haut placée dans le parti républicain qui le connaît bien et qui rejette l'idée selon laquelle le milliardaire aurait pris sa décision sans y avoir vraiment réfléchi ou sur un coup de tête. « *Dire qu'il était ignorant de la chose politique est totalement faux* », m'affirme-t-il, précisant que le candidat est « *bien plus intelligent* » que son côté folklorique ne le laisse paraître.

En fait, Donald Trump s'intéresse brièvement à l'idée d'une candidature dès 1988, évoquant la possibilité de concourir sous les couleurs démocrates. Il y revient en 1999, se mettant en lice pour devenir le candidat du parti de la réforme pour l'élection présidentielle de 2000, pour finalement laisser la place à Pat Buchanan. En 2011, Trump annonce à nouveau explorer l'idée d'une candidature, avant de renoncer.

En 2014, le milliardaire envisage même de concourir pour le poste de gouverneur de l'État de New York, élection qu'il voyait clairement comme un marchepied potentiel vers une candidature présidentielle. « *Il est venu me demander conseil, et nous avons eu de longues conversations fort intéressantes sur la politique* », me raconte une source républicaine haut placée. « *C'est un homme*

intéressant et très intelligent, très charismatique »,
confirme le président du Comité républicain de
New York, Ed Cox, qui raconte « *à quel point le
jeune Donald Trump avait impressionné* » son beau-
père Richard Nixon et sa femme, du temps où ils
occupaient la Maison-Blanche. «*Après l'avoir
reçu, Nixon lui a envoyé un message en lui disant :
quand tu t'engageras dans la course, tu gagneras* »,
raconte Cox, qui voit en lui « *l'une de ces personnalités charismatiques hors du commun, que l'on
remarque tout de suite, comme Ronald Reagan* ».
Donald Trump renonce finalement à la course
pour le gouvernorat de New York, ne voulant pas
risquer de perdre la primaire, qui met en piste un
autre candidat de grande qualité, soutenu par le
parti. « *Il a eu raison* », commente Ed Cox, se
disant impressionné par le K.-O. asséné par
Donald Trump à seize candidats expérimentés
lors de la sanglante primaire républicaine 2016.
« *Rendez-vous compte*, insiste-t-il. *Il n'avait ni
organisation, ni argent. Ce qu'il a fait est sans précédent dans les annales de la politique américaine* »,
affirme ce vieux routier du Grand Old Party.

Sans précédent en effet. Sous-estimant totalement sa candidature, affichant un pool de candidats d'une très grande richesse, dont plusieurs
gouverneurs et sénateurs chevronnés, les répu-

blicains pensent qu'ils ne feront qu'une bouchée de Donald Trump. Mais dès le mois de juillet 2015, le milliardaire s'envole au firmament des sondages pour ne plus jamais en redescendre, attirant toute la lumière médiatique et dominant littéralement tous les débats de la primaire, dont il donne le ton. Un à un, les *« poids lourds »* sur lesquels misait l'élite républicaine pour arracher la nomination et entrer à la Maison-Blanche vont devoir quitter la course : Scott Walker, Rick Perry, Bobby Jindal, Lindsay Graham, pour ne citer qu'eux, tiennent à peine quelques semaines. Le gouverneur du New Jersey Chris Christie tire sa révérence après le New Hampshire et se rallie à Trump, sous les quolibets de l'élite. Malgré ses soutiens massifs chez les politiciens et son trésor de campagne, le grand favori de l'establishment, Jeb Bush, fils de Bush Père et frère de W., ne décollera jamais des 3 ou 4 % d'opinions favorables, après avoir été littéralement mis en miettes par un Donald Trump qui l'a baptisé *« Low energy »* (Énergie basse), lors de débats télévisés qui tournent au pugilat. Après la bataille de Caroline du Sud, en février, il doit quitter piteusement la course, bientôt suivi de *« Little Marco »*, nom dont Donald a affublé moqueusement le jeune sénateur vedette de Floride au visage poupin, Marco Rubio, sur lequel les espoirs de l'élite s'étaient reportés après l'abandon de Jeb… « *Nous sommes au milieu d'un tsunami, les gens sont en colère, mécontents d'être regardés avec condescendance par des élites soi-disant intelligentes qui leur disent comment penser et les traitent de racistes parce qu'ils sont contre l'immigration illégale* », analyse Rubio, alors qu'il quitte la scène. Seul le sénateur Ted Cruz et le gouverneur de l'Ohio John Kasich vont continuer la course quelque temps, avant de jeter l'éponge après la primaire de l'Indiana au mois de mai. Au terme d'un pugilat d'une violence inouïe, le milliardaire new-yorkais sort vainqueur de cette incroyable mêlée, réalisant une véritable OPA sur un parti républicain stupéfait.

Dès lors, toute la question devient de savoir si le parti – décrit comme en état de guerre civile par tous les observateurs – va se rassembler derrière son nominé pour gagner la grande bataille contre Hillary Clinton ou laisser triompher cette dernière. Les conservateurs peuvent-ils accepter de se voir conduire par un homme trois fois marié et deux fois divorcé, qui a été démocrate dans le passé et a du mal à citer la moindre phrase de la Bible ? Les partisans reaganiens du libre-échange vont-ils avaler la pilule du protectionnisme commercial que prône Trump au nom du peuple ? Enfin, les néoconservateurs interventionnistes peuvent-ils composer avec ses instincts réalistes, voire isolationnistes ? *« Le peuple a parlé, l'establishment doit accepter son verdict »*, m'explique alors Michael Steele, ancien président du Comité national républicain, l'un des premiers à avoir prédit sa victoire.

Dans cet esprit de rassemblement, à la mi-mai, une rencontre ultra-scénarisée est organisée entre le vainqueur de la primaire républicaine Donald Trump, le *Speaker* de la Chambre Paul Ryan et plusieurs figures clés du Grand Old Party à Washington. Ryan, qui avait tardé à apporter sa caution, en raison des foucades scandaleuses du candidat, se range derrière lui et va jusqu'à louer *« une belle personnalité, chaude et authentique »*. L'acte 2 de la campagne présidentielle, ce moment de réalisme où le parti doit avaler ses rancœurs pour faire corps derrière son candidat, semble avoir sonné. *« Cette réunion est la première étape vers un travail commun entre Paul Ryan et Donald Trump visant à unifier le parti »*, déclare le président du Comité national républicain Reince Priebus. *« J'ai été très encouragé par cette première réunion, nous allons planter les graines pour trouver un vrai terrain d'unité sur les politiques à mener, je ne veux pas que ce processus soit artificiel et faux »*, explique de son côté le *Speaker*, laissant entendre qu'il reste beaucoup à faire. Dick Foley, ancien président du Comité républicain dans le Connecticut, nous déclare que *« la réunion s'est bien passée parce que Ryan comme Trump ont besoin l'un de l'autre »*. Pour Foley, les points communs sont plus importants que les différences, notamment sur la réforme fiscale, *« car les républicains sont d'accord pour faire baisser les impôts »*. *« Je ne pense pas que Trump va rétrograder sur l'immigration ou le commerce, mais sur ces points il faut reconnaître qu'il est plus proche du peuple »*, ajoute-t-il, comparant les élites de Washington à *« des généraux sans troupes »*.

Une source républicaine haut placée, qui a conseillé Donald Trump pendant la période clé qui a suivi sa victoire dans l'Indiana et son accession au statut de nominé de la course républicaine, me raconte ce qu'il a observé des réactions du milliardaire. *« Il a eu les bons réflexes sur les décisions stratégiques »*, note mon interlocuteur, à contre-courant de l'idée selon laquelle il serait totalement erratique. *« Il s'est retrouvé soudainement chef du parti quand il est devenu clair qu'il avait gagné la nomination. Cela aurait pu lui tour-*

ner la tête et il aurait pu orchestrer un grand remue-ménage, punir ceux qui ne l'avaient pas soutenu. Mais il n'en a rien fait. Sur notre conseil, il a au contraire appelé Reince Priebus, comprenant son rôle clé pour mettre en place l'organisation de terrain dont il a besoin pour gagner l'élection générale et battre le rappel des grands donateurs. Trump a aussi décidé d'entamer un dialogue avec Paul Ryan, qui seul peut lui apporter un programme détaillé de gouvernement », note notre source, persuadée qu'il y aura *« une grande différence entre le candidat en campagne et l'homme qui gouvernera. » « Que croyez-vous que veut Trump ? Il veut gagner et il sait que le slogan du libre-échange n'apporte pas de voix ! »* ajoute-t-il, convaincu que le milliardaire mettra de l'eau dans son vin sur ses divergences idéologiques avec le parti s'il arrive aux affaires. Mon interlocuteur affirme encore que le choix du conservateur Mike Pence pour la vice-présidence a été la troisième bonne *« décision stratégique »* faite par Donald Trump. *« Le choix d'un vice-président est absolument clé, car il reste ensuite noué autour de votre cou comme une ancre pendant toute votre présidence »*, souligne-t-il. *« Trump a su trouver une personne expérimentée, conservatrice et de confiance, suffisamment crédible pour le remplacer à la présidence si nécessaire. Il a rassuré le parti. »* Une opinion que beaucoup de cadres du parti républicain sont loin, toutefois, de partager.

Comme on l'a vu lors de la Convention de Cleveland, les fractures béantes de la primaire sont toujours bien présentes et devraient constituer un formidable défi pour Trump dans la dernière ligne droite de la campagne. Le camouflet que lui a infligé son ancien rival Ted Cruz, sénateur du Texas, en prenant la parole à Cleveland sans appeler à le soutenir, a révélé à quel point les inimitiés restent profondes. Même chose pour son autre ex-rival John Kasich, gouverneur de l'Ohio, qui lui a fait l'affront de ne pas mettre les pieds à la Convention, alors que cette dernière se déroulait sur ses terres… *« Je fais ce que je crois juste de faire »*, me dit-il alors, persuadé que Trump est un danger pour le pays. La grand-messe républicaine a même vu émerger une révolte avortée dans l'œuf, menée par l'ancien élu Gordon Humphrey, qui a tenté de faire changer les procédures de vote des délégués pour empêcher la nomination de Trump et mettre en avant un candidat alternatif à la dernière minute. *« Trump est un personnage dangereux, qui maltraitera tous ceux qui sont en désaccord avec lui »*, me confie cet ancien sénateur à Cleveland.

Avec les multiples controverses liées à la rhétorique de Trump qui ont éclaté dans la foulée de la Convention, d'autres personnalités ont suivi le même chemin que Gordon Humphrey et ont rallié Hillary Clinton… Cinquante hautes personnalités républicaines, connues pour leurs compétences en matière de sécurité nationale, dont l'ancien chef de la NSA et de la CIA Michael Hayden, ont également annoncé dans une lettre ouverte leur opposition à Trump. Une démarche « sans précédent » dans l'histoire du parti républicain, a déclaré stupéfait l'ancien sénateur indépendant Joe Lieberman. Plusieurs sénateurs et représentants connus ont fait de même, comme la sénatrice du Maine Susan Collins, qui a affirmé que Trump ne mérite pas la Maison-Blanche. *« Je suis consternée par son flot constant de déclarations cruelles et son inaptitude à admettre ses erreurs ou à s'excuser »*, a ainsi écrit cette personnalité modérée dans une tribune publiée dans le *Washington Post*. Lachlan Markat, un éditorialiste conservateur, a brûlé sa carte de membre du parti. George Will, autre éditorialiste républicain très en vue, a annoncé qu'il quittait le parti. *« Beaucoup de gens sont à cran »*, a reconnu début août le porte-parole du parti Sean Spicer.

Dans cette ambiance de sourdes tensions et

de paix fragile, tout le monde à Washington gardait les yeux fixés sur le chef du Comité national républicain, Reince Priebus, qui a joué un rôle clé pour recoller les morceaux et continué de jouer l'unité malgré tous les doutes qui fusaient. L'argument qui revient en boucle est que l'unité finira par s'imposer à cause de la haine portée à Hillary, si palpable qu'on peut se demander comment il lui serait possible de rassembler le pays après le 8 novembre, vu le climat général. *« Mettez-la en taule ! »* n'ont cessé de crier les délégués républicains pendant la Convention de Cleveland.

Beaucoup d'observateurs notent que le parti est loin d'être sorti de la crise qui oppose les électeurs insurgés à l'establishment. *« Le ciment Hillary tiendra le temps de l'élection, mais l'avenir du parti sera décidé le 8 novembre »*, prédit Linda Feldmann, journaliste au *Christian Science Monitor*. *« Si Trump gagne, il deviendra propriétaire du parti et toutes les figures qui dominent la politique républicaine pourraient bien se retrouver au chômage. C'est en tout cas lui qui dominera et décidera où il veut aller. S'il perd de peu, tous ceux qui ont manqué à l'appel seront cloués au pilori mais les électeurs de Trump garderont une vraie influence. C'est seulement s'il perd largement que la direction* du parti pourrait plaider pour un retour à une approche politique plus traditionnelle. Mais les griefs des électeurs abandonnés persisteront s'ils ne sont pas pris en compte », analyse-t-elle. L'ancien candidat présidentiel Pat Buchanan pense que si l'élite du parti saborde la candidature de Donald Trump elle subira le sort de ceux qui firent tout pour couler celle de Barry Goldwater en 1964, candidat conservateur adoré du petit peuple mais rejeté par la classe dirigeante. « *Tous ceux qui avaient comploté contre lui ont disparu dans les poubelles de l'Histoire, tandis que Nixon et Reagan qui l'avaient soutenu sont devenus présidents* », rappelle-t-il, analyse qui annonce un avenir bien sombre à Ted Cruz notamment.

Le pari de Buchanan est que « *les pragmatiques du parti finiront par l'emporter* », pour « *avoir des postes dans la nouvelle administration !* ». « *Les néocons (néoconservateurs) sont opposés à son approche prudente en politique étrangère, mais je pense qu'ils finiront par se rallier pour l'influencer* », affirme-t-il. Cette prédiction ne signifie toutefois pas que la crise du parti se termine avec les élections, notent certains historiens, donnant notamment en exemple le destin du parti whig au XIXe siècle. Après avoir désigné comme nominé le général Zachary Taylor, un *outsider* haut en couleur et politiquement inexpérimenté, qui avait fait la guerre du Mexique et avait l'oreille du peuple, les Whigs allaient tomber dans des divisions encore plus profondes que celles qu'ils avaient voulu éluder en faisant appel au truculent militaire. Pour finalement disparaître quelques années plus tard. *« Cela vous rappelle 2016, mais c'était il y a un siècle et demi »*, écrit Gil Troy dans le journal *Politico*, persuadé qu'avec Trump les républicains pourraient connaître un destin similaire. Il est évidemment bien tôt pour affirmer qu'un tel scénario se produira. Mais que Trump gagne ou perde, la sanglante primaire 2016 aura laissé des traces.

CHAPITRE 3

Le monde selon Trump

Mort aux « néocons »

Pendant la campagne des primaires républicaines, une mappemonde humoristique destinée à moquer Donald Trump et sa vision du monde a circulé sur Internet. Sur la carte des États-Unis, coloriée en vert, on pouvait découvrir le nom de Trump écrit en grosses lettres. Le Canada, en rose, était devenu « *la maison de Ted Cruz que je détruirai* » (une allusion au fait que son rival est né là-bas). La Russie en rouge avait pour nom « *la maison de Poutine, le Trump de la toundra* ». La carte de l'Afrique en rose pâle s'intitulait « *Obama est d'ici* » et, sur l'Europe, en orangé, il était écrit : « *Pas mon problème.* »

Le fait que Donald Trump ait affirmé publiquement s'informer sur le monde « *en regardant les grands journaux télévisés* », de même que ses déclarations à l'emporte-pièce longtemps vagues, contradictoires et controversées sur son intention de remettre en cause l'Otan, sa volonté d'interdire à tous les musulmans l'entrée aux États-Unis ou sa fascination pour Vladimir Poutine ont contribué à la spirale de doutes exprimés par les élites de Washington sur sa capacité à devenir le commandant en chef de la première armée du monde. Des régiments d'experts et d'anciens responsables de la sécurité nationale se sont levés pour dénoncer le candidat et le juger « *inapte à détenir les codes nucléaires* », une phrase devenue un leitmotiv de la campagne Clinton.

L'homme connaît d'évidence mal le détail des dossiers internationaux, des conflits et des noms de leurs protagonistes, une critique qui fut faite en son temps à Ronald Reagan, mais ne l'empêcha pas de rester dans l'Histoire comme le tombeur de l'URSS. Mais Trump n'en a pas moins une philosophie instinctive des relations internationales, finalement assez clairement définie. Et qui annoncerait, s'il était élu, une révolution de la politique étrangère américaine, sinon un grand changement.

Le cœur de la vision de Donald Trump, en phase avec l'humeur profonde du pays, est d'abord qu'il veut en finir avec l'héritage des néoconservateurs et des interventions extérieures militaires « *désastreuses* » menées pour exporter la démocratie et reconstruire les nations étrangères, me résumait, il y a quelques mois, l'ancien candidat présidentiel Pat Buchanan. Le slogan de ce dernier, « *L'Amérique d'abord* », semble avoir été copié-collé par le candidat Trump. Ce postulat n'a pas bougé d'un pouce pendant la campagne. Le réflexe de l'homme d'affaires est en effet essentiellement nationaliste et protecteur des intérêts du pays. Ce réflexe implique de redéfinir l'intérêt national de manière plus restrictive et de mettre en cause le recours systématique à la force militaire comme moyen essentiel de l'action extérieure américaine depuis tant d'années. Ainsi Donald Trump s'est-il permis d'attaquer bille en tête l'ancien président George W. Bush sur l'invasion de l'Irak pendant la primaire, parlant d'« *erreur majeure* » pour le pays, alors que les autres candidats républicains, presque tous interventionnistes, glissaient sur l'épisode comme sur un tabou. Trump a également formulé de vives critiques sur l'intervention conduite en Libye par les États-Unis et l'Europe contre le régime de Kadhafi, dénonçant ses effets déstabilisateurs et la base idéale qu'elle a involontairement contribué à créer pour un État islamique qui cherche à s'étendre.

Derrière ce rejet très clair des opérations extérieures, de l'exportation de la démocratie et du « *nation-building* », s'exprime une philosophie des relations internationales très XIXe siècle. Elle voit avant tout le monde en termes de rapports de force et met en avant les intérêts vitaux des États-Unis plutôt qu'une politique de gendarme global, présent sur tous les fronts et prêt à assumer tous les fardeaux. Une approche qui, jusqu'à un certain point, affiche des similarités avec celle d'Obama. L'idée peut paraître surprenante et ne manque pas d'ironie vu le mépris que se portent les deux hommes. Mais l'approche iconoclaste adoptée par Trump au sein du parti républicain le place clairement au sein de « *l'école réaliste* » de politique étrangère, à la manière d'un George Kennan, d'un James Baker ou… d'un Barack Obama, même si Trump, tel Monsieur Jourdain, fait sans doute du réalisme sans le savoir.

Dans un article publié par Bloomberg, l'ancien conseiller à la sécurité nationale de George W. Bush, Eli Lake, souligne les parallèles qui existent entre les deux hommes, même si leurs styles sont à l'opposé[1]. Le magnat new-yorkais partage le mépris de l'actuel président pour le *«Washington playbook»*, expression qui désigne le consensus interventionniste systématique défendu à la fois par les néoconservateurs et les faucons libéraux. L'actuel locataire de la Maison-Blanche s'est obstiné à le combattre, comme le raconte le journaliste Jeffrey Goldberg, dans un passionnant article consacré à *« la doctrine Obama[2] »*. Les deux hommes sont de fervents admirateurs de la politique étrangère de Bush Père, prudente à la différence de celle du fils. Il est aussi à noter que Trump a commencé sa campagne sur une note plus modérée que la plupart de ses rivaux sur l'accord nucléaire iranien, estimant difficile de l'abroger à moins d'une violation patente de Téhéran. Avant de changer de ton, inflexion dont on peut se demander si elle n'était pas destinée à accommoder les puissants donateurs du lobby pro-israélien de l'AIPAC, sous l'influence notamment de son beau-

---

1. Eli Lake, «The Obama Trump Doctrine», Bloomberg, 11 mars 2016.
2. Jeffrey Goldberg, «The Obama Doctrine», *The Atlantic*, avril 2016.

fils Jared Kuschner. Comme Obama le fut au début de sa présidence, Trump est aussi partisan d'un « *reset* » (redémarrage) avec la Russie, et estime nécessaire de rechercher des accords avec Poutine sur la Syrie, exactement comme l'actuelle administration s'est employée à le faire depuis des mois sans aucun succès. « *De ce point de vue, quelque chose de fondamental est en train de se produire aux États-Unis, une tendance de fond qui est un véritable défi à l'ancien consensus de politique étrangère* », me confie une source proche du renseignement américain, qui explique ainsi la levée de boucliers des experts néoconservateurs de Washington contre Trump. « *Ces derniers se retrouveront sans emploi si Trump est élu ou ils devront changer* », affirme cette même source.

Une nouvelle guerre et un nouvel ennemi : l'islam radical

Pourtant, contrairement à ce que certains auraient pu craindre en écoutant ses discours sur la nécessité de défendre « *l'Amérique d'abord* », Donald Trump est loin d'être un isolationniste, type Charles Lindbergh qui, en 1939, avait plaidé pour laisser l'Allemagne nazie tranquille en Europe et s'entendre avec elle[1]. Si le doute persistait, il a été levé le 15 août à Youngstown, Ohio, où le nominé républicain a prononcé son plus important discours de politique étrangère, centré tout entier sur la lutte contre le terrorisme islamique et la place que tiendra cette mission s'il est élu. En référence très claire aux combats passés menés par l'Amérique contre le *« nazisme, le fascisme et le communisme »*, Donald Trump a expliqué, à juste titre, que le monde était désormais confronté à une nouvelle menace tout aussi grave : *« le terrorisme islamique radical »*. Énumérant sans sourciller les effroyables exactions commises à travers le monde par l'État islamique et les terribles attentats terroristes en série qui ont frappé l'Amérique, la France et d'autres nations, le magnat de l'immobilier a promis de combattre sans répit *« ce nouveau Mal »*. *« Nous ne pouvons pas laisser l'idéologie haineuse de l'islam radical mettre en danger nos femmes, nos homosexuels, nos enfants et nos non-croyants...*

---

1. Le célèbre aviateur Charles Lindbergh se rendit tristement célèbre en devenant le porte-parole du mouvement anti-guerre America First et en propageant des idées ouvertement antisémites, appelant à ne pas aller au secours de l'Angleterre et de la France, attaquées par l'Allemagne nazie, au motif que l'affaiblissement de Hitler laisserait l'Europe à la merci de l'URSS. Ses idées influencèrent fortement le candidat à la primaire républicaine Robert Taft en 1940, qui fut battu par un républicain au contraire favorable à un engagement américain en Europe aux côtés de l'Angleterre, Wendell Wilkie.

Nous allons défaire cet ennemi comme nous l'avons toujours fait dans le passé avec les autres », a dit le milliardaire, dans un discours qui fait penser à la doctrine de « *containment* » mise en œuvre par Truman et aux accents de Reagan pour dénoncer l'empire du Mal communiste.

Trump est sans doute l'un des rares à dire aussi ouvertement qu'il y a péril en la demeure et que le combat requiert une réponse exceptionnelle. De ce point de vue, il est à l'opposé d'Obama qui a sous-estimé systématiquement le caractère central de cette bataille, se refusant même à définir « *l'islam radical* » comme une menace, de peur de porter tort à l'ensemble des musulmans. Trump dit que « *celui qui n'est pas capable de nommer la menace n'a pas la clarté morale pour être président* ». « *Nous ne vaincrons pas avec les yeux fermés* », avertit-il. Dénigrant Obama, Trump en appelle à Reagan pour se poser en défenseur des valeurs de liberté de l'Occident et de toutes les nations, y compris musulmanes, menacées par les islamistes radicaux. Mais, contrairement aux néoconservateurs, il revient en fait à une vision plus défensive des missions de l'Amérique – on pourrait presque dire « pré-1989 » – qui doit se battre pour préserver son monde, mais pas pour changer le monde.

Les moyens militaires qu'il entend utiliser pour y parvenir ne semblent pas encore clairement définis. Bien que Trump ait affirmé pendant sa campagne qu'il serait éventuellement prêt à déployer trente mille soldats sur le terrain pour défaire l'État islamique, il ne faut pas oublier que son instinct est à la prudence. « *Il faudrait beaucoup pour me convaincre d'envoyer des dizaines de milliers d'hommes au Moyen-Orient, même sous la pression du Pentagone* », a-t-il confié aux éditorialistes du *Washington Post* le 21 mars. Et dans son discours de Youngstown, il s'est gardé d'apporter des précisions sur cette question, pourtant clé, des troupes au sol.

Le magnat n'a en revanche pas hésité à lier son combat à une politique d'immigration beaucoup plus restrictive, afin d'empêcher d'éventuels ennemis de l'Amérique de venir y fomenter des attentats. Il a promis une politique de visas extrêmement dure, établissant un processus de « *vérification extrême* » du passé des candidats à l'immigration, surtout en provenance des zones frappées par le terrorisme. Affichant sa volonté de ressusciter une pratique en cours pendant la guerre froide pour protéger le pays contre le communisme – allusion qui a mené ses adversaires à évoquer le précédent maccar-

thyste –, le candidat va jusqu'à demander un
« *examen idéologique* », pour réserver l'accès du
pays aux personnes qui « *partagent nos valeurs et
embrassent notre modèle* ». Afin d'exclure notamment « *ceux qui veulent faire passer la loi islamique
au-dessus de la Constitution américaine* ». « *Nous
avons suffisamment de problèmes aux États-Unis,
nous n'en voulons pas d'autres* », martèle Trump,
voyant dans de telles mesures « *un simple retour
au bon sens que le politiquement correct des élites
avait empêché* ». Le magnat prône une bataille
idéologique en interne pour contrer les thèses de
l'État islamique et lutter contre la radicalisation.
« *Nous devons promouvoir les vertus exceptionnelles
de notre mode de vie. La fierté de nos institutions et
de notre histoire devrait être enseignée par les parents
et les professeurs* », a-t-il dit à Youngstown. « *L'assimilation n'est pas un acte d'hostilité mais une expression de compassion* », a ajouté Trump, une phrase
très intéressante pour un Américain, rappelant
plutôt l'esprit du modèle français d'intégration
que le communautarisme à l'anglo-saxonne.

Enfin, Trump annonce que la nouvelle
bataille contre l'islam radical mènera à une
redéfinition des alliances. « *Tous les pays qui partagent notre but seront nos alliés* », dit-il, citant
notamment la Russie de Vladimir Poutine, la

Jordanie du roi Abdallah et l'Égypte du maréchal Al-Sissi. *« Cela ne serait-il pas formidable si nous pouvions travailler avec la Russie ? »* s'est interrogé le milliardaire.

Remise en cause ou redéfinition des alliances ?

Depuis des mois, le candidat Donald Trump suscite interrogations et inquiétudes chez les alliés de l'Amérique, qui se demandent ce que signifie vraiment sa volonté de remettre en cause le caractère inconditionnel des alliances qui ont façonné le monde depuis 1945. L'homme bluffe-t-il pour susciter une prise de conscience de ses partenaires et les amener à payer plus pour leur défense, une manière d'arriver à un *« meilleur deal »* pour son pays ? Ou est-il sérieux ? Le leitmotiv du candidat a été de répéter sur tous les tons que l'Amérique en a assez d'assumer seule le fardeau de la sécurité, et que ses alliés doivent en prendre leur part. Bref, s'aider eux-mêmes. *« Le monde nous escroque. L'Allemagne nous escroque comme jamais. L'Arabie saoudite nous escroque comme jamais. Les Français, ce sont les pires équipiers que j'aie vus de ma vie »*, disait-il déjà sur CNN en… 2000. *« La France est un affreux par-*

tenaire, le pire que notre pays ait jamais eu », avait-il aussi lâché sur Fox News à la même époque.

Trump est loin d'être le seul à défendre l'idée que l'Amérique ne peut continuer à payer. Barack Obama a lui aussi maintes fois dénoncé ceux qui *« voyagent gratuitement »* à propos de l'Alliance atlantique et appelé ses alliés de l'Otan à augmenter leur budget militaire. Mais avec son côté fracassant et provocateur frisant parfois l'inconscience, Donald Trump a plusieurs fois laissé entendre qu'il serait carrément prêt à renoncer à ces alliances si les choses ne changeaient pas. Les jugeant de toute façon *« obsolètes »* depuis la fin de la guerre froide.

Ainsi, Trump a mentionné les très coûteux pactes de sécurité existant avec le Japon et la Corée du Sud, estimant que ces relations ne pourraient durer sans un rééquilibrage favorable à l'Amérique. Une déclaration stupéfiante, au regard de la menace croissante représentée par la Chine dans l'espace maritime de la région. Le nominé, qui ne se prive pas de critiquer Pékin pour sa politique commerciale déloyale et la manipulation de sa monnaie, est même allé jusqu'à suggérer de laisser Tokyo accéder à l'arme nucléaire, brisant un tabou qui a envoyé une onde de choc à travers toute l'Asie, vu la

bataille qui se joue sur la question de la prolifé-
ration nucléaire autour de la Corée du Nord.
Une remise à plat de la relation avec l'Arabie
saoudite, facteur majeur d'exportation de l'idéologie salafiste qui nourrit le radicalisme islamiste, devrait aussi être sur la table.

Le milliardaire a également exprimé ses
doutes sur la pérennité de l'engagement des
États-Unis au sein de l'Otan – un discours qui le
place en rupture avec un consensus bipartisan
vieux de soixante-dix ans sur le caractère vital
du lien transatlantique et la nécessité de fournir
un parapluie de sécurité américain à l'Europe.
Cet été, pendant la Convention de Cleveland, il
revenait sur ce thème en affirmant qu'il ne vole-
rait pas au secours des Pays baltes de manière
automatique si ces derniers se retrouvaient atta-
qués ! *« Je regarderai d'abord s'ils ont payé leur
contribution »*, a-t-il répondu, semblant par ces
paroles imprudentes remettre en cause la solida-
rité de l'article 5 de la Charte, qui affirme que
tout membre attaqué aura le soutien des autres
membres. Ces déclarations ont résonné comme
un coup de tonnerre dans le ciel de l'Europe de
l'Est, restée prisonnière derrière le rideau de fer
pendant toute la guerre froide, et aujourd'hui
confrontée à la menace d'un révisionnisme russe

agressif. Ce dernier s'est déjà manifesté en Géorgie et en Ukraine, menant à l'annexion de la Crimée et l'invasion rampante de l'est ukrainien, un conflit loin d'être résolu.

Depuis, Trump a rétrogradé sur ses déclarations anti-Otan, affirmant que ses appels visaient à redéfinir les missions de l'Alliance et à la réorienter vers la lutte contre le terrorisme islamique. Même si les dirigeants européens sont pour l'instant tous vent debout face à Trump, le vouant aux gémonies comme jadis leurs prédécesseurs conspuaient Ronald Reagan, présenté comme un imbécile, son discours de fermeté sur l'islam radical pourrait s'avérer à terme attractif et rassurant pour une Europe devenue vulnérable à cette menace, et subissant les conséquences directes du brasier moyen-oriental. La passivité de Barack Obama sur le dossier de la Syrie, sa sous-estimation de la gravité de la crise des migrants, qui a suivi la débâcle syrienne, ont été frustrantes pour les alliés européens qui se sont sentis abandonnés par Washington. Mais contrairement à Obama, qui a renforcé le dispositif américain en Europe de l'Est – après l'avoir dégarni ces dernières années –, Donald Trump semble en revanche totalement sourd à la menace russe, comme s'il ne voyait qu'un bout du tableau. Serait-il prêt à laisser une plus grande latitude aux ambitions grandissantes de la Russie en Europe, même si ces dernières ne pouvaient être satisfaites qu'au détriment de l'indépendance de ses voisins ? Mais il faut reconnaître que les nations européennes ne semblent pas beaucoup plus combatives que Trump face au révisionnisme russe. L'idée dangereuse, qui se propage notamment dans les extrêmes droites courtisées par le Kremlin, est que la bataille contre l'islam radical passe par une alliance avec Moscou. Un argument qui fait écho aux idées de Trump. Cette complaisance européenne n'est pas nouvelle, soupirent les Européens de l'Est qui ont toujours compté avant tout sur l'oncle d'Amérique pour leur sécurité. La grande peur de l'Europe de l'Est est qu'en cas d'élection du milliardaire elle perde sa seule vraie garantie de sécurité.

Seule exception notable à la volonté trumpienne de malmener les alliances : le soutien à Israël. Intervenant devant le lobby pro-Israël de l'AIPAC, Trump a adopté un ton d'une extrême fermeté face à l'Iran et aux Palestiniens, promettant un soutien inconditionnel à l'allié israélien et un démantèlement du « *catastrophique* » accord nucléaire avec Téhéran. Il a aussi promis, sous des applaudissements nourris, de déménager l'ambassade des États-Unis vers la capitale éternelle de l'État juif, sujet sur lequel il avait donné une réponse ambiguë l'an dernier. De manière générale, il s'agissait de dissiper les doutes d'un allié, Israël, qu'il considère comme le « *principal allié stratégique* » de l'Amérique. Il s'agissait aussi d'amadouer un lobby qui représente une formidable puissance sur la scène intérieure. Trump l'avait d'abord pris à rebrousse-poil en affirmant qu'il essaierait d'adopter une position de « *neutralité* » entre Palestiniens et Israéliens pour les aider à trouver un accord, déclenchant un tollé chez les républicains, très alignés sur Israël. Mais il a complètement changé de ton, dénonçant notamment l'Onu qui veut « *délégitimer Israël* ».

L'ami Poutine

Vladimir Poutine doit se divertir en regardant la campagne présidentielle américaine. Jamais son nom n'avait sans doute autant été cité dans une élection étrangère. À lire les journaux et à entendre les deux candidats qui s'accusent mutuellement d'avoir été corrompus par le régime russe, on aurait presque l'impression qu'il tient entre ses mains l'avenir de cette campagne. Les serveurs du parti démocrate ont été infiltrés par des organisations liées aux services de renseignement russes, une opération qui a stupéfié les agences américaines. Et certains experts n'hésitent pas à clamer que Donald Trump serait dans la main de Poutine. « *Je pense qu'il a été recruté à son insu* », a carrément déclaré l'ancien patron de la CIA Michael Morrell, un républicain qui s'est rallié à la candidature d'Hillary Clinton. Le fait que Donald Trump, dans une boutade grinçante, ait appelé Poutine à publier, « *s'il les a* », les trente-cinq mille e-mails qu'Hillary Clinton a fait disparaître de son serveur privé a contribué à accroître les soupçons sur le tropisme pro-russe du candidat républicain.

Depuis le début de la campagne, Donald Trump n'a pas caché sa fascination pour l'ancien colonel du KGB aux yeux de glace qui a mis la main sur le pouvoir en Russie. « *On peut s'entendre avec ces gens-là* », disait-il il y a un an à propos des Russes, soulignant « *l'énorme popularité de Poutine* » et pariant qu'il pourrait avoir « *une super-relation avec lui* ». Le sous-entendu était naïf mais clair. Entre leaders charismatiques, nous nous comprendrons. Trump, l'homme de Queens, habitué aux bras de fer avec les requins new-yorkais, semblait suggérer qu'il aurait plus d'atomes crochus avec le patron de la Russie aux manières de caïd que son prédécesseur, professeur de droit constitutionnel. Ce n'était pas une hypothèse totalement saugrenue d'ailleurs. Tous les deux ne viennent-ils pas d'une planète hobbésienne, où seuls comptent les rapports de force ? Il faut néanmoins se souvenir que tous les présidents américains font le pari qu'avec un meilleur dialogue ils pourront rallier la Russie à l'Occident. Ainsi George W. Bush avait-il nourri l'espoir qu'après avoir vu « *le fond de l'âme* » de Vladimir Poutine dans ses yeux, après le 11 Septembre, il s'en ferait un bon camarade et un allié stratégique dans la lutte contre « *la terreur* » islamique (déjà !). Il allait rapidement déchanter face à la politique de plus en plus agressive de son partenaire russe. Même déception pour Barack Obama, un animal à sang froid qui pensait pouvoir s'entendre sur des « *sujets d'intérêt commun* » avec le maître du Kremlin, en gelant *de facto* ses liens privilégiés avec la Géorgie et l'Ukraine et en laissant l'Europe en première ligne, afin de ne pas irriter l'ours russe. Une politique perçue comme un aveu de faiblesse à Moscou, qui allait faciliter l'annexion de la Crimée et l'invasion de l'est de l'Ukraine.

Assurant que l'Amérique a tout intérêt à trouver un terrain d'entente avec les Russes pour vaincre l'État islamique et trouver des contrepoids à l'influence grandissante de la Chine, Donald Trump semble penser à son tour que la Russie a été injustement traitée et qu'il sera meilleur dans le dialogue. C'est oublier toutefois que la relation bilatérale russo-américaine reste définie par les exigences et les pièges tendus par Moscou, plutôt que par les rêves de réconciliation et de coopération de Washington. Le milliardaire américain serait-il assez roué pour ne pas tomber dans les filets que ne manquerait pas de lui tendre Poutine s'il devenait président ? Pointant l'ego de l'homme d'affaires, la plupart des experts de la Russie semblent parier sur Poutine, pas sur Trump. Beaucoup s'inquiètent aussi de la toile de liens financiers et politiques que plusieurs conseillers successifs de Donald Trump, comme Paul Manafort (depuis congédié) et Carter Page, ont tissée en Russie, y voyant une vulnérabilité réelle du candidat à des pressions potentielles. De nombreuses rumeurs courent aussi sur l'existence de liens occultes entre l'homme d'affaires et la Russie, ce qu'il a formellement démenti dans plusieurs interviews, affirmant avoir seulement vendu des appartements à des hommes d'affaires russes.

La grande peur des spécialistes de la sécurité nationale est que Donald Trump puisse se faire « *coopter* » par le Kremlin, à la manière d'un Schroeder ou d'un Berlusconi, appâté par tel ou tel *deal* appétissant. Plus encore, les experts craignent que sa vision des choses soit suffisamment cynique pour penser à nouveau en zones d'influence et qu'elle le mène à sacrifier par exemple les sanctions appliquées à la Russie sur l'Ukraine en échange d'un accord sur la Syrie. « *La peur est qu'il puisse se laisser tenter par cette approche parce que c'est un homme d'affaires, et qu'un homme d'affaires voudrait avoir des résultats* », note John Herbst, ancien ambassadeur en Ukraine, qui suit le dossier russe à l'Atlantic Council. Une préoccupation qui n'a pas lieu d'être avec Hillary Clinton, instruite par l'échec du « *reset* », et très au fait de la psychologie du maître du Kremlin.

Mais Herbst estime aussi que Trump pourrait fort bien changer de position s'il se retrouvait à la Maison-Blanche et informé des opérations de déstabilisation déployées par Moscou à travers l'Europe par les fiches des agences de renseignement. « *Je doute qu'un président Trump accepterait de laisser ses navires intimidés par l'avia-tion russe en pleine mer Baltique comme le fait l'ad-ministration Obama ! Il serait capable de leur dire de tirer !* » note-t-il. Un avis conforté par Pat Buchanan, qui parie que, vu le « *caractère du per-sonnage* », le pragmatisme et la continuité pour-raient prendre le pas sur les *a priori* du candidat, au fur et à mesure que les « *rapports de renseigne-ment afflueraient dans le bureau ovale* ». Trump a déclaré que souligner la force de Poutine ne signifiait pas pour autant qu'il le soutenait. Pour Buchanan, « *il y aura une bataille pour prendre possession de l'esprit de Trump entre les différentes écoles de politique étrangère qui s'affrontent à Washington* ».

CHAPITRE 4

Derrière Trump, la nouvelle révolte de l'Amérique

Il était une fois « l'armée » de Trump

Une véritable « armée » s'est levée à travers les provinces d'Amérique, à la stupéfaction des élites prises de panique. Elle ne porte pas d'uniforme et frappe par son caractère hétérogène. C'est l'armée de Trump, et elle veut conquérir Washington. Faire le ménage. Coiffeurs, comptables, ouvriers, fermiers, entrepreneurs, policiers ou militaires, hommes et femmes. Ils sont des millions d'électeurs, dégoûtés de la classe politique traditionnelle, à se rallier à la bannière nationaliste et populiste de l'*outsider* milliardaire qui promet de rendre sa « *grandeur à l'Amérique* » en bousculant le système. Ils forment une nébuleuse hétéroclite qui transcende les partis, recrutant aussi bien parmi les conservateurs Tea Party et les chrétiens évangélistes que chez les républicains modérés, les indépendants, voire chez les démocrates des classes moyennes et populaires déçus par Obama.

Juste avant le Caucus de l'Iowa, le premier de la primaire républicaine, on pouvait les croiser à Des Moines, en janvier, par un froid si polaire que les doigts et l'encre du stylo gelaient dès qu'on tentait de prendre des notes. Devant le bâtiment de l'université locale, une file immense s'étendait, dans le soir qui tombait, sur tout un pâté de maisons, longue de milliers de gens qui attendaient stoïquement depuis des heures dans l'espoir d'assister au meeting de leur héros, Donald Trump. Quand l'hymne national a retenti dans la rue, signalant le début du meeting, ils ont mis leur main sur le cœur et se sont mis à chanter joyeusement, visiblement peu perturbés par les températures extrêmes. *« Je suis ici parce que j'ai découvert que Trump n'est pas un imbécile, il a de bonnes idées »*, confiait Kelly Davis, une quadragénaire *« en arrêt maladie »* qui a raconté avoir eu de sérieux problèmes de dos mais avoir fait le déplacement quand même. *« J'aime ce qu'il dit sur l'immigration, nous devons renforcer* la frontière. Et j'aime aussi son style, sa manière d'identifier les problèmes et de chercher immédiatement une solution », a-t-elle ajouté, précisant être indépendante mais s'être inscrite sur les listes républicaines exclusivement pour pouvoir voter Trump. « C'est la première fois que je participe à un Caucus », a précisé Kelly. Elle a écarté d'un revers de la main l'idée que Donald Trump soit raciste ou intolérant. « Il dit les choses comme elles sont, et si quelqu'un se sent offensé, il devrait prendre un cours de réalité ! Je vous dis ça comme je le pense et j'ajoute que ma fille est mariée à un militaire noir, et qu'ils votent Trump dans sa famille ! » À ses côtés, une vieille dame de soixante-dix ans emmitouflée dans un manteau de laine se disait enchantée par Trump, parce qu'il est si « différent » des autres. « Il n'est pas comme les politiciens habituels, il bousculera le système qui est corrompu. Notre classe politique ne s'occupe plus que d'elle-même. Et puis, il est si rafraîchissant ! Nous en avons tellement marre du politiquement correct. On ne peut plus rien dire sans être accusé d'intolérance. Trump a de l'humour », affirmait la vieille dame.

Trois semaines plus tard, en Caroline du Sud, d'autres fans, venus écouter le milliardaire, évoquaient « son caractère différent », « sa force », « ses *talents d'homme d'affaires* » capable d'obtenir des résultats. Quatre thèmes revenaient dans leurs réponses, immanquablement : l'immigration et le mur ; la nécessité de faire repartir l'économie en défendant mieux les intérêts de l'Amérique ; la sécurité nationale ; la capacité de Trump à parler sans respecter la novlangue du politiquement correct. « *On a beaucoup aimé le meeting* », déclaraient par exemple Pamela et Jean-Michel Vasquez, un couple d'entrepreneurs polyglottes visiblement très éduqués, dont le profil tranche avec les électeurs plus simples qui forment les gros bataillons du milliardaire. « *Cet homme pénètre l'âme américaine, il sait capter son état d'esprit, et ce dernier tient en quelques mots : on en a ras le bol !* » notait Jean-Michel, un Américain d'origine franco-espagnole arrivé dans le pays en 1965 avec ses parents grâce au système des quotas. « *Je suis d'accord avec l'idée de contrôler les gens qui viennent ici, car sans contrôle c'est l'anarchie, personne n'en veut ! Je suis immigré, je suis venu de Hollande avec mes parents mais ces derniers ont dû attendre des années pour émigrer. Nous avons besoin de règles* », disait l'entrepreneur, reconnaissant toutefois hésiter encore sur son choix, en raison de certains slogans simplistes de l'*outsider* newyorkais. Sa femme en revanche n'avait plus de doute sur le fait qu'elle voterait Trump, même si elle s'inquiétait un peu des tendances autoritaires du milliardaire. « *Je ne voudrais pas d'un dictateur, mais c'est notre meilleur candidat, il veut ramener l'Amérique à sa vraie définition, celle de l'effort et de la compétitivité. Je veux que nous puissions retrouver notre avantage dans la grande bataille économique mondiale, Trump saura faire ça* », disait Pamela. Plus loin, le réparateur de radios Rex Taber, cinquante-neuf ans, blouson de cuir et voix rauque, espérait que l'homme d'affaires remette l'Amérique « *sur le bon chemin* ». « *Ce n'est pas un politicien. Les politiciens sont achetés. Lui, il est différent, c'est pour cela que je l'aime* », marmonnait-il sobrement. Terry Sullimon, perruque blonde à la Trump sur la tête, qui a pris l'habitude de se rendre aux meetings du milliardaire en se déguisant en « Donald », expliquait avoir basculé en sa faveur sur la question des frontières. « *Trump fera ce qu'il a dit. Il l'a montré avec ses buildings. Il a créé quelque chose !* »

À force de se concentrer sur la personne de Trump, on en a presque oublié que ce qui se passait dans l'arène politique américaine était avant tout la rencontre d'un homme et d'une révolte. En brandissant deux ou trois idées simples sur la nécessité de stopper la désindustrialisation du pays et l'immigration illégale, Trump a déclenché un séisme, une gigantesque rébellion populaire contre les élites. Ce « *mouvement* », comme il le définit, rejette la paralysie et les us et coutumes du système politique actuel, se moque des démarcations entre partis et prend à revers aussi bien le politiquement correct de la gauche postmoderne que le conservatisme idéologique de la droite anti-moderne.

Le politologue Walter Russell Mead a une formule pour résumer cette révolte « *trumpienne* ». « *Andrew Jackson est fou de rage* », écrit-il non sans humour[1]. Une manière pour lui d'établir une continuité historique entre le phénomène politique auquel nous assistons et la révolte de 1829 pour arracher la présidence par le général Andrew Jackson, un leader nationaliste intrépide et volcanique à la houppe de cheveux roux rebelles. Il sera élu par le peuple, contre l'avis de l'establishment, et tentera de se battre contre les intérêts financiers qui corrompaient selon lui la république. « *Combinant une suspicion à l'encontre de Wall Street, une haine de la gauche culturelle, un amour des programmes sociaux de la classe moyenne et une peur du libre-échange,*

---

1. Walter Russell Mead, « Andrew Jackson, Revenant », *The America Interest*, 17 janvier 2016.

l'Amérique jacksonienne a des problèmes avec les agendas républicain comme démocrate », note Russell Mead. *« Les jacksoniens ne sont ni libéraux ni conservateurs. Ils sont radicalement égalitaristes, radicalement pro-classes moyennes, radicalement patriotiques et radicalement favorables à la Sécurité sociale »*, poursuit Walter Russell Mead (qui semble faire le portrait... de la majorité silencieuse française !). Ce sont eux qui rejettent le plus l'immigration illégale, qui ne veulent pas subventionner les pauvres des centres urbains, qui sont favorables à de lourdes peines de prison pour ceux qui violent la loi et qui sont les plus lents à *« évoluer sur les questions comme le mariage gay ou les droits des transgenres »*. *« Les jacksoniens préféreraient être gouvernés par les cent premiers noms trouvés dans le bottin téléphonique que par la faculté d'Harvard »*, poursuit Mead, un tour d'esprit qui rappelle celui de Trump. *« Ils pensent que le gouvernement (à part la police et l'armée) est un mal nécessaire, jugent que la plupart des experts et des professeurs d'université ne sont pas plus intelligents que les autres, et n'éprouvent que mépris pour les théoriciens du genre et les combattants de la justice sociale que l'on trouve dans les salles de classe contemporaines. »* Bref, la révolte est autant culturelle qu'économique.

Que Trump « *gagne ou qu'il perde, cette Amé-rique jacksonienne va survivre et deviendra un fac-teur clé du jeu politique. Cette Amérique va se battre pour son identité, sa culture et sa primauté dans un pays qu'elle considère lui appartenir* », parie Mead. Une mobilisation jugée dangereuse par une bonne partie des élites, mais « *saine et positive* » par certains observateurs. « *Ce qui se passe démontre que la démocratie est toujours bien vivante en Amérique malgré le pouvoir de l'argent en poli-tique* », notait par exemple cet hiver une source proche du renseignement américain. Et d'ajou-ter : « *Ce qui se passe avec Trump, et ce qui s'est passé avec la popularité de la candidature du socia-liste Bernie Sanders pendant la primaire démocrate, est une nouvelle variante de la révolution jefferso-nienne de l'époque de l'Indépendance. Le peuple, comme il le fait régulièrement dans notre pays, se rebelle contre la classe des financiers qui veut lui dic-ter sa conduite.* »

L'ancien *Speaker* de la Chambre Newt Gin-grinch, historien à ses heures et grand soutien de Donald Trump, juge les références tout à fait justes. « *L'intelligentsia républicaine, qui se sent obligée de fuir la vague des électeurs trumpistes, est à contre-courant de l'Histoire* », confiait-il récem-ment à John Gizzi du journal conservateur

Newsmax. « *La révolution jeffersonienne contre les fédéralistes, la rébellion d'Andrew Jackson contre l'establishment, l'effondrement des Whigs et leur remplacement par les républicains, et enfin la rébellion de William Jennings Bryan contre l'establishment démocrate de la côte Est, tous ces phénomènes étaient les prédécesseurs de Trump.* » « *De même que le Brexit, le volcan Trump est un événement historique, pas politique* », a même conclu Gingrich.

Ces bastions populaires blancs paupérisés qui votent Trump

Si Donald Trump a une chance de gagner la présidentielle 2016, c'est grâce aux bastions blancs paupérisés du pays, toute cette zone industrielle du Nord-Est et du Midwest qui traverse notamment la Pennsylvanie, l'Ohio, le Wisconsin et le Michigan, et qui a subi une désindustrialisation massive, avec la délocalisation vers l'Asie ou le Mexique de tant d'industries manufacturières. Même s'il attire d'autres couches de la population – les chrétiens conservateurs du Sud, les catholiques du Nord, les milieux d'affaires en quête de croissance et une coalition éclectique issue des quatre coins de l'électorat américain –, son électeur le plus fidèle est blanc, peu éduqué, pas spécialement religieux et souvent issu des cols-bleus. Ce sont ces fameux « *démocrates reaganiens* » appelés ainsi parce qu'ils ont abandonné en leur temps le parti démocrate pour rallier Ronald Reagan avant de revenir vers Bill Clinton, un démocrate du Sud qui a su user de sa fibre populaire pour les récupérer.

Aujourd'hui, ils sont en colère contre les deux partis. La crise économique et la globalisation les ont durement frappés, creusant un fossé abyssal entre eux et une super-élite qui n'a cessé de s'enrichir. Dans son livre Coming Apart 1, le politologue Charles Murray avait mis en garde contre cette spirale inégalitaire, décrivant l'effondrement du niveau de vie et des repères culturels des classes populaires, qui ont subi les rigueurs de la crise et les affres de l'explosion de la cellule familiale. Il les dépeint comme une population abandonnée à elle-même et n'ayant pas les faveurs d'un parti démocrate qui a en grande partie délaissé les milieux ouvriers blancs pour défendre la cause des minorités raciales et sexuelles. Dans une analyse consacrée au phénomène, deux économistes de l'université de

1. Charles Murray, *Coming Apart, the State of White America, 1960-2010*, Crown Forum, 2012.

Princeton, Angus Deaton et Anne Case, ont récemment tiré la sonnette d'alarme, mettant en évidence la chute sans précédent de l'espérance de vie de ce segment de la population, sous l'effet conjugué de la pauvreté, de l'alcoolisme et de la drogue[1]. Ils ont jugé le « phénomène démographique très rare dans les pays développés, seulement comparable par son ampleur à l'effondrement de l'espérance de vie des hommes russes après la fin du communisme ».

Donald Trump a su se connecter à cette frustration populaire parce que, tout milliardaire qu'il est, il est entré en guerre contre les élites nanties de Washington qui ont oublié le peuple. C'est un terreau porteur quand on connaît l'ampleur de la corruption politique qui prévaut dans la capitale fédérale, avec sa bulle de richesse extrême visible à l'œil nu et son ballet de lobbyistes qui achètent les faveurs des élus puis les recasent dans leurs rangs quand ils ont fait leur temps. « *Je serai votre voix, vous n'êtes plus seuls* », a promis Trump à Cleveland à ces oubliés du XXIᵉ siècle, après avoir dit son effarement devant la désertifica-

1. Voir aussi l'article « Death rates rising for middle age White Americans », *New York Times*, 2 novembre 2015.

tion industrielle observée au cours de ses voyages pendant la primaire.

Barack Obama avait lui-même surfé sur ce thème lors de son élection historique en 2008 : « *changer Washington* » pour redonner le pouvoir économique et politique au peuple. Mais les huit années qui viennent de s'écouler ont au contraire été marquées par une polarisation et une paralysie croissantes du Congrès, si bien que les espoirs de réforme ont été ruinés. La révolte des Tea Party, en 2010, et à gauche le mouvement *Occupy Wall Street* furent un premier signe du coup de sang des classes populaires traditionnelles. Mais déçues par le parti républicain et son incapacité à changer les choses au Congrès, oubliées par les élites démocrates, elles en ont déduit qu'il ne fallait plus compter sur quelqu'un capable de « *réparer le système* » mais plutôt de le détruire. D'où le succès de Trump et, dans un autre genre, du démocrate socialiste Bernie Sanders : tous deux sont des candidats de rupture.

Tandis que l'écrasante majorité des observateurs washingtoniens rêve tout haut d'une défaite de Trump sans s'interroger réellement sur ce que révèle son succès actuel, l'excellente éditorialiste du *Wall Street Journal* Peggy Noonan est l'une des rares à comprendre l'ampleur et la nature de cette révolte qui sous-tend le succès de l'homme d'affaires new-yorkais[1]. La question clé, décrypte-t-elle, s'organise autour de l'« *idée de protection* ». « *C'est un thème qui est en train de prendre une dynamique politique autonome à travers tout l'Occident. Il y a les protégés et les non-protégés* », constate Noonan. « *Les protégés font les politiques publiques. Les non-protégés vivent dedans. Et les non-protégés commencent à protester puissamment* », ajoute-t-elle. « *Les protégés sont les comblés, les sécurisés, ceux qui réussissent, ceux qui ont du pouvoir ou qui y ont accès. Ils sont protégés de la dureté du monde… et du monde qu'ils ont créé. Ils sont les figures du gouvernement, de la politique, des médias. Ils vivent dans de beaux quartiers sûrs. Leurs familles fonctionnent, leurs enfants vont à l'école. Ils ont de l'argent. Toutes ces choses qui les isolent des effets de leurs décisions…* » Des décisions dont les « *non-protégés* », eux, pâtissent. « *C'est ce qui explique la distance entre les gouvernements et leurs citoyens, et c'est bien sûr ce qui fait le succès de Donald Trump* », conclut-elle avec raison. Un récent article du *Washington Post* indique que les électeurs blancs non éduqués représentent 41 % du vote en Amérique. Autant dire un segment considérable de l'électorat américain.

---

1. Peggy Noonan, « Trump and the rise of the unprotected », *Wall Street Journal*, 2 février 2016.

Une rébellion contre le communautarisme

Le fait que le gros des électeurs de Trump soit blanc a immédiatement mené les observateurs à parler de mouvement « *nativiste*[1] », un terme à connotation péjorative et inquiétante, qui vise à exprimer la teneur supposément raciste du vote Trump. C'est notamment la conclusion suggérée par l'enquête « Les craintifs et les frustrés », réalisée par le journaliste Evan Osnos[2]. Après avoir décrit un voyage de Trump au Texas, sur la frontière, Osnos va à la rencontre des mouvements suprémacistes blancs à travers le pays et établit un lien direct entre le discours anti-immigration illégale de Trump et le réveil de leurs ambitions. « *Les nationalistes blancs avaient l'habitude d'appeler Trump "l'amoureux des Juifs". Mais le nouveau ton de sa campagne a été pour eux une révélation…* » écrit Osnos. À l'appui de sa démonstration, il cite, parmi de multiples sources, Richard Spencer, un « *leader identitaire* » qui promeut « *la conscience raciale*

---

1. Ce terme américain, utilisé dès le xixe siècle, désigne les Américains « de souche » qui s'opposent à l'arrivée de nouveaux immigrants. Il a été notamment utilisé pour caractériser la révolte des « *Know nothing* », ceux qui ne veulent rien entendre contre l'arrivée d'immigrants irlandais. Voir aussi la note de la page 89.

2. Evan Osnos, « The Fearful and the Frustrated », *The New Yorker*, 31 août 2015.

blanche » dans le Montana. « *Je ne pense pas que Trump soit un nationaliste blanc... Mais il reflète une vision inconsciente que les Blancs ont intériorisée, à savoir que leurs petits-enfants pourraient devenir une minorité haïe dans leur propre pays... Je pense que dans une large mesure cela explique le phénomène Trump* », affirme ledit Spencer dans une interview citée par le reporter. Nombre d'articles ont récemment exploré cette même idée d'un mouvement raciste, présent dans l'électorat Trump, qui pourrait gagner en ampleur. Hillary Clinton a alors parlé de Trump comme candidat de la droite ultra (*Alt-Right*). La manière dont la nébuleuse extrémiste des milices et des mouvements liés à l'ancien Ku Klux Klan, en pleine renaissance depuis le début de la présidence Obama, semble se saisir de la candidature du milliardaire pour prospérer et gagner des recrues fait effectivement froid dans le dos.

Mais ne s'agit-il pas d'une frange minoritaire qui ne représente pas les motivations du gros de ses bataillons d'électeurs ? S'il est tout à fait légitime de peser la réalité d'une crispation raciste, ne risque-t-on pas de rater la nature réelle du mouvement Trump en se focalisant sur son « *nativisme* » ? C'est une question délicate, mais c'est ce que mes voyages à travers le pays m'ont amenée à penser. Les électeurs que j'ai rencontrés ne paraissaient pas mus par des considérations racistes. Ils étaient même perplexes et irrités à l'idée d'être accusés d'intolérance, comme Kelly Davis, citée plus haut dans ce chapitre, qui prenait à témoin les membres noirs de sa famille pour défendre son vote Trump. « *Les gens en ont assez d'être traités de racistes parce qu'ils disent qu'il faut arrêter l'immigration illégale* », a d'ailleurs noté le candidat républicain Marco Rubio, après son échec en Floride et sa décision de quitter la course présidentielle.

Lors de mes voyages à travers les régions d'Amérique, ce grief est revenu presque inéluctablement dans le discours des électeurs de Trump. Mais la population n'en semblait pas moins traversée par un réflexe identitaire presque nostalgique, le désir de protéger un patrimoine national, politique et culturel, un peu comme cela a pu être le cas pour les partisans du Brexit. « *Notre choix est nationaliste et protectionniste, pas raciste* », disait par exemple Fred Burgos, un petit entrepreneur pro-Trump rencontré en Virginie du Nord pendant la primaire. « *Pourquoi ouvrir nos frontières à tout le monde quand nos propres citoyens n'ont pas de travail ? Je ne suis pas contre l'immigration, mes parents venaient du Chili et je suis arrivé ici à l'âge de deux mois. Mais l'Amérique doit pouvoir choisir qui elle laisse entrer !* » jugeait Burgos. Il refusait l'idée qu'il n'y ait que des Blancs parmi les électeurs de Trump. « *44 % des Latinos républicains ont voté pour Trump au Nevada, plutôt que Rubio ou Cruz. Et je connais aussi des Noirs qui votent Trump. Pourquoi ? Parce qu'ils sont américains avant tout ! Choisir Trump n'est pas un choix démocrate ou républicain, ni un choix de couleur de peau ou d'origine ethnique, c'est un choix américain* », martelait cet ancien militant Tea Party.

Ne refusant pas le statut de « *nation d'immigrants* » de l'Amérique, les électeurs de Trump disent accepter tout le monde mais parlent de « *respect des lois et des frontières* », comme leur champion. Comme lui, ils semblent aussi soucieux de tirer les leçons de l'échec du multiculturalisme en Europe, des récents attentats terroristes islamiques et des problèmes posés par l'intégration de populations musulmanes substantielles sur le continent européen. Ils disent refuser la naïveté. De manière plus générale, on sent monter, dans la mouvance Trump, le désir d'envoyer aux oubliettes le fameux communautarisme à l'américaine. Visiblement peu convaincus par un modèle qui ne pense plus la société que comme un arc-en-ciel de catégories raciales, sexuelles ou religieuses, mais semble peiner à trouver ce qui unit la nation, les trumpistes plaident pour le retour « *à l'américanisme* », une notion plus universaliste. Une aspiration qui, de manière inattendue, fait écho au modèle traditionnel français, qui ignore la race, le genre, l'origine ou la religion, pour ne voir que le citoyen. Mais il s'agit sans aucun doute d'un crime de lèse-majesté pour le modèle communautariste américain.

Dans un article intitulé « Globalisation et politiques de l'identité », le professeur de théorie politique Joshua Mitchell montre comment les rejets parallèles de ces deux tropismes du monde postérieur à 1989 vont de pair. Il note que le credo de la globalisation inéluctable a affaibli l'État-nation, tandis que l'obsession de « *l'identité* » l'a encore rabaissé. « *Nous sommes devenus habités par l'idée que nous ne sommes pas des citoyens qui ont été modelés par un certain nombre de pratiques et de traditions que nous chérissons parce que nous sommes membres d'un État qui est notre maison. Nous nous voyons plutôt comme les porteurs de telle ou telle identité, qui serait la seule chose importante à dire sur nous. Si l'on suit ce chemin, le but de l'État n'est plus d'être le médiateur des intérêts des citoyens, mais le distributeur de ressources basées sur ce qui vous est dû, en raison de votre iden- tité [de victime potentielle ou réelle, NDLA]... »* déplore-t-il, soulignant que ce rôle de « victime » enchaînée aux avantages que lui procure l'État est la négation du citoyen libre et autonome qui définit le rêve américain[1]. Donald Trump fait une analyse voisine quand, dans son discours de Youngstown, il appelle ses compatriotes à « *renouveler l'esprit de l'américanisme pour cicatri- ser les divisions du pays* ». « *Cela sera possible en soulignant ce que nous avons en commun, pas ce qui nous divise* », ajoute-t-il, un clair pied de nez au communautarisme. « *L'assimilation n'est pas un acte d'hostilité mais de compassion* », insiste-t-il, faisant le serment « *de se battre pour que chaque Américain soit traité de manière égale, protégé de manière égale, et honoré de manière égale* ».

L'offensive de Trump vers les minorités

Au lendemain du discours de Youngstown, à la mi-août, Donald Trump se rend à West Bend, près de Milwaukee, où de violentes émeutes ont

1. Joshua Mitchell, « After globalism and identity politics », *Pro- vidence*, 29 août 2016.

éclaté après la mort d'un jeune Afro-Américain abattu à tort par un policier. Son but est clair : tenter une ouverture vers la communauté noire, dont seulement 1 % envisagerait de le soutenir selon un sondage de NBC tout juste publié. Trump déclare que les démocrates « *ont trahi les Afro-Américains* » avec des « *politiques sur le crime, l'éducation, l'économie qui n'ont fait que produire plus de crimes, plus de foyers brisés et plus de pauvreté* ». Alors qu'Hillary Clinton et les démocrates tiennent le vote noir « *pour acquis* », lui promet de changer le visage des cités ghettos s'il est élu. Et il dénonce le discours démagogique de la gauche sur la question du maintien de l'ordre dans les cités. « *Les principales victimes des émeutes sont des citoyens afro-américains pacifiques. Ce sont leurs emplois, leurs maisons et leurs écoles qui souffrent* », note Trump, appelant à déployer plus de police, pas moins. Un discours potentiellement attrayant pour une partie de l'électorat afro-américain désabusé par la gestion démocrate. Mais après l'événement, toutefois, la presse américaine lacère le magnat, parlant de son hypocrisie et rappelant l'embarrassant épisode du ralliement de Trump au mouvement des « *birthers* ». Elle se gausse du fait que Trump a choisi une ville à 95 % blanche pour prononcer son discours. Et rappelle, à juste titre, qu'il a totalement ignoré les « étapes obligées » que les candidats effectuent d'ordinaire, en omettant de se rendre par exemple dans les églises noires. Le sous-entendu est clair : la communauté n'a rien à attendre de lui.

L'ensemble des observateurs a prédit que le magnat échouera lamentablement à rallier une partie du vote noir. Trump a semblé en tout cas vouloir persévérer. Il a prononcé un nouveau discours depuis la Louisiane à l'intention de la communauté noire, l'appelant à voter pour lui. « *Qu'avez-vous à perdre ?* » a-t-il lancé, accusant les démocrates d'avoir abandonné les Afro-Américains. « *Trump a une carte à jouer auprès des milieux d'affaires noirs, et même des ghettos où le désespoir est si grand. S'il allait à Philadelphie leur parler, il pourrait faire bouger les lignes* », affirmait la consultante afro-américaine républicaine Dana White. Si Trump parvenait à obtenir 15 % du vote, au lieu des 11 % atteints par le candidat républicain Mitt Romney en 2012, il pourrait faire tomber certains « États bascules » (*swing*), comme la Pennsylvanie ou l'Ohio, notait il y a quelques mois l'analyste électoral de CNN John King.

Lors de la Convention de Cleveland, j'ai été

surprise par la présence importante de délégués afro-américains, en comparaison avec la Convention de Tampa, qui avait nominé Mitt Romney. « *Donald Trump a une carte à jouer avec le monde des affaires noir, qui cherche des raisons d'espérer* », nous confiait alors un entrepreneur afro-américain de Virginie, qui raconte être devenu républicain il y a dix-huit mois, après avoir été démocrate pendant des années. « *Je suis pro-life, anti-mariage gay et pro-business. Mes amis démocrates me disaient toujours : "Tu es pro-life ?" Toi un démocrate ? J'ai fini par réaliser que la seule raison pour laquelle j'étais démocrate était que j'étais noir. Je me suis dit que cela ne pouvait pas continuer.* » Un autre délégué, venu du Texas, nous disait « *en avoir assez de voir l'électorat noir maintenu dans la main du parti démocrate* ». Toute la question est de savoir si ces personnes représentent de rarissimes exceptions ou si le discours à rebrousse-poil du communautarisme de Trump pourrait élargir sa base de manière significative. À l'été, on semblait toutefois loin du compte…

CHAPITRE 5

Faut-il avoir peur de Donald Trump ?

Trump n'est pas Hitler

Faut-il avoir peur de Donald Trump ? La question hante la campagne présidentielle américaine et les journaux depuis plusieurs mois. Parfois jusqu'à l'hystérie. Après avoir commencé par rire de la candidature du milliardaire new-yorkais, la jugeant plus ridicule et exotique que véritablement dangereuse, les médias et les élites politiques, de gauche comme de droite, se sont engagés dans une guerre totale contre Trump, dépeignant le favori de la course républicaine tour à tour comme un diable, un incompétent, un irresponsable, un Narcisse au cœur vide ou un ami du Ku Klux Klan. Toutes les comparaisons y sont passées, d'Hitler à Mussolini, en passant par Poutine. « *C'est comme ça que le fas-*

cisme arrive en Amérique », a écrit le stratège néo-conservateur Robert Kagan[1]. Engagé dans une guerre à mort contre le milliardaire, le *Washington Post*, dont les journalistes accrédités ont été exclus par Trump lui-même du pool de reporters qui l'accompagnent, au motif qu'il jugeait leur couverture malhonnête, n'est pas en reste. Chaque jour, des enquêtes destinées à révéler la face sombre du *« tyran »* ou de *« l'imposteur »* s'étalent dans le quotidien washingtonien. Beaucoup, qui plongent dans la vie du candidat, sont utiles, fouillées et documentées, aidant à cerner le personnage, son passé, sa faim inextinguible de succès, ses failles de caractère et ses échecs. Mais presque toutes les histoires sont à charge. Les éditorialistes tempêtent contre ses dernières déclarations, profitant de son style provocateur et de ses dérapages offensants – un jour à propos d'un juge mexicain, le lendemain à propos de la famille d'un soldat musulman mort en Irak – pour l'accabler. En revanche, ses discours d'ouverture à la minorité afro-américaine – pourtant presque révolutionnaires dans le contexte d'un parti républicain qui a totalement abandonné la thématique des ghettos et des minorités aux

1. Robert Kagan, « This is how fascism comes to America », *The Washington Post*, 18 mai 2016.

démocrates depuis des années – sont tronqués et moqués comme hypocrites ou à côté de la plaque.

La presse se polarise souvent sur un détail et le transforme en psychodrame pendant une semaine, avant d'oublier. Les esprits se sont par exemple échauffés dans la bulle médiatique américaine lorsque, à l'occasion d'un meeting de la primaire républicaine, Trump a appelé les participants à faire, le bras levé, le serment d'aller voter pour lui. Une scène immédiatement présentée… comme une variante contemporaine du salut nazi ! *Je n'avais pas entendu cette comparaison avec Hitler mais elle est terrible et je ne suis certainement pas heureux qu'elle soit faite*, a noté Trump interrogé sur le sujet. « *Quand j'ai entendu cette comparaison, j'ai été stupéfait. Il s'agissait de quelque chose de totalement inoffensif, nous nous amusions bien !* » a-t-il ajouté, promettant de ne plus recommencer, vu le scandale. Un climat d'excitation médiatique, que l'on peut comprendre vu l'enjeu gigantesque de la bataille. « *Personne ne veut que les commandes nucléaires de la première puissance du monde tombent entre des mains hasardeuses* », a confié une source républicaine haut placée. Mais le torrent d'accusations n'aide pas à porter un jugement lucide sur un personnage déjà difficile à saisir, vu sa complexité et ses paradoxes. Il est intéressant de noter que la presse américaine elle-même n'a cessé de s'interroger sur la manière dont elle doit « *traiter Trump* ». La tendance lourde est néanmoins à la justification du parti pris de combat, au nom du danger que représenterait le magnat.

Alors Trump, un fasciste ? Robert Paxton, célèbre historien du fascisme et professeur à l'université de Columbia, croit déceler certains parallèles entre la campagne de Trump et les mouvements fascistes du xxe siècle : « *Le nationalisme, une politique étrangère agressive, des attaques contre les ennemis à l'intérieur et à l'extérieur qui font fi des processus légaux, une obsession du déclin national et l'appel à l'idée que le pays a besoin d'un homme fort* », énumère-t-il. Une explication un peu vague, Trump semblant par exemple pour l'instant plus soucieux de restreindre l'usage de la force que de partir en guerre à l'étranger. Certes, le turbulent homme d'affaires n'hésite pas à répliquer brutalement à ceux qui s'en prennent à lui. Il a plusieurs fois encouragé ses partisans à « *corriger* » les fauteurs de troubles qui viennent régulièrement perturber ses meetings. « *Il faudrait peut-être le secouer un peu car ce qu'il a fait est absolument dégoûtant* », claironnait-il en novembre lors d'une réunion électorale à Birmingham (Alabama), après que le service d'ordre eut expulsé un protestataire. « *J'aimais bien l'ancien temps. Vous savez comment on traitait les gars qui venaient faire ça ? On les sortait sur des brancards !* » fanfaronnait-il encore en février à Las Vegas, après un incident similaire. Mais ces boutades de corps de garde suffisent-elles à justifier les accusations de fascisme qui se sont répandues comme une traînée de poudre ? Notre sentiment est que ce type d'anathème semble surtout brouiller les pistes et empêcher une analyse pertinente du profil politique et psychologique de Trump. Malgré ses dérives verbales et ses provocations, il n'a en effet, *a priori*, rien d'un candidat fasciste, ni même d'extrême droite, et ne défend aucun corpus idéologique pouvant se réclamer de ces idéologies. Pour certains, comme John Cassidy du *New Yorker*, sa volonté de stopper l'immigration illégale rappelle les crispations « *nativistes* » que l'Amérique a connues dans les années 1830-1840, à l'époque du mouvement anti-étrangers connu sous le nom des « *Know nothing* » (ceux qui ne veulent rien entendre). Mais le label fasciste ne semble pas du tout refléter sa démarche et « *met injustement en cause les supporters de Trump, qui présentent des doléances légitimes, que les politiciens classiques ignorent à leurs risques et périls* », commente Gianni Rotta dans *The Atlantic*.

Hitler avait écrit *Mein Kampf*. Donald Trump lui, a écrit, ou plutôt fait écrire, son fameux livre *The Art of the Deal*. Un livre de commercial, destiné à « *vendre* » le milliardaire et ses succès. « *Il est de Queens !* » s'écrient les New-Yorkais pour expliquer la manière d'être de Donald Trump et son discours souvent brutal. Une formule qui pour eux veut tout dire. Dans la banlieue de New York où le milliardaire a grandi, les gens ne mâchent pas leurs mots et ne s'embarrassent pas de manières. « *Vient un moment où il faut dire stop et s'occuper de soi-même, contrôler les frontières, cela ne veut pas dire être raciste* », nous confie Bill, un vieux pompier à la retraite aux yeux gris rieurs, qui vit à Beth Page, sur Long Island, non loin de Queens. « *Le pays a besoin d'une colonne vertébrale dans ce monde effrayant. Obama était trop gentil, trop politiquement correct. Il ne veut même pas parler de terrorisme islamique !* » renchérit Matthew Gabbola, un jeune de la même ville, qui travaille pour la compagnie de chemin de fer locale. « *Trump aime trop le pays pour lui faire du mal, tant pis s'il offense les gens, au moins il agira* », ajoute-t-il. Être de Queens, dans la banlieue de

New York, raconte-t-on sur place, c'est avoir grandi dans un environnement multiculturel et multiracial. Bref, avoir intégré dans son ADN le fait que l'Amérique est une nation d'immigrants. *« Mais, attention, être pour l'immigration ne signifie pas être pour le communautarisme de la gauche postmoderne qui ne voit les minorités qu'en victimes »*, met en garde le professeur de théorie politique Joshua Mitchell, de l'université de Georgetown. Dans le monde de Trump, les rapports humains et communautaires restent des rapports de force, sans distinction de race ou de sexe. *« Bien sûr qu'il n'est pas raciste, mais c'est l'image qu'on lui a attribuée parce qu'il est politiquement incorrect »*, explique le pasteur noir Marc Burns, président du network télévisé Now, qui le connaît bien. *« Le meilleur moyen de combattre les gens politiquement incorrects est de les traiter de racistes »*, affirme ce pasteur conservateur, qui a été l'un des orateurs vedettes à la Convention de Cleveland.

Un point de vue que continuent de contester maints observateurs, persuadés qu'il y a chez Trump un vieux fond raciste et xénophobe. Ils en veulent notamment pour preuve un épisode ancien. Il concerne une affaire de viol connue sous le nom de *« Central Park 5 »*, qui avait défrayé la chronique new-yorkaise des années 1980. Après le viol atroce d'une jeune femme blanche à Central Park, quatre jeunes adolescents noirs et un Hispanique avaient été inculpés. Alors que leur procès n'avait pas encore eu lieu, Donald Trump avait publié un encarté d'une page dans le *New Yorker*, qu'il avait payé quatre-vingt-cinq mille dollars, pour exprimer son indignation et appeler au rétablissement de la peine de mort. Les adolescents allaient s'avérer innocents. L'affaire a été prise en exemple du racisme de Donald Trump. Ses proches répliquent qu'il était choqué par le meurtre et voulait défendre l'ordre social.

Trump, le pragmatique opportuniste

L'homme d'affaires a longtemps été démocrate, pro-avortement et pro-mariage gay, avant de devenir républicain dans les années 2000. Un profil que lui reproche d'ailleurs la droite traditionaliste qui l'accuse de représenter les « *valeurs new-yorkaises* » plutôt que les valeurs conservatrices. La vérité est que Trump n'a pas de credo idéologique clair et définitif, ce qui le distingue des leaders des extrêmes droites européennes. En 1988, quand il envisage pour la première fois une candidature à la présidentielle, il annonce qu'il aimerait beaucoup avoir pour vice-présidente... Oprah Winfrey, vedette des médias afro-américaine, connue pour ses opinions très libérales. Un choix qui colle mal avec l'image de raciste et de machiste « *anti-femmes* » qui lui est hâtivement accolée aujourd'hui[1]. Moins anecdotique : il évoque régulièrement la nécessité de mettre en place un plan d'urgence pour les quartiers noirs en pleine déshérence et a prononcé au mois d'août un plaidoyer vibrant en leur faveur – rhétorique très éloignée des vues du Ku Klux Klan. « *Je suis républicain, je suis assez conservateur. Mais je suis plutôt progressiste sur les questions de société, surtout la santé* », explique-t-il dans les années 2000 à Larry King pendant une interview d'une heure sur CNN. « *J'ai été militant démo-crate et républicain. Ce qui compte, ce sont les gens* », ajoute-t-il. Dans cette interview, Donald Trump déclare même avoir de l'amitié pour Hillary et il regrette que le couple Clinton se soit « *fait avoir* » sur le prix de la maison qu'il vient d'acquérir dans l'État de New York... Le couple Clinton avait d'ailleurs été invité au mariage des Trump.

1. Laure Mandeville, « Il était une fois Donald Trump et les femmes », *Le Figaro*, 22 mai 2016.

En réalité, c'est surtout sur le sujet de l'immigration que Donald Trump se situe vraiment à droite de l'échiquier politique, un sujet sur lequel il se retrouve aujourd'hui aux côtés du chrétien conservateur noir Ben Carson qui, après avoir abandonné la course à l'investiture républicaine, s'est rallié à lui. Il est également devenu, on l'a dit, un fervent critique des excès postmodernes du politiquement correct et s'insurge contre le communautarisme, ce qui ne l'a pas empêché de prendre la défense des transgenres récemment et de professer haut et fort son désir de défendre la communauté LGBTQ[1] des attaques des terroristes islamistes. Trump, le marchand, est sur bien des sujets un centriste et un « moderne » qui va même glaner des idées à gauche : il entend maintenir un système de couverture maladie pour tous (ce qui ne l'empêche pas de vouloir réformer l'« *Obamacare* ») et a souvent parlé de taxer les revenus les plus élevés même si son récent programme est plus en phase avec le parti républicain du *Speaker* Paul

---

1. LGBTQ (Lesbian, Gay, Bi, Trans, Queer). Lors de son discours de Cleveland, Donald Trump a notamment été le premier nominé républicain à prononcer le terme de LGBTQ, suscitant d'ailleurs des applaudissements nourris de la salle, applaudissements dont il s'est réjoui à haute voix, soulignant qu'il s'agissait d'une nouveauté pour le Grand Old Party.

Ryan. « *Si je suis élu président, il sera hors de question de laisser les gens crever dans la rue* », a expliqué Trump à plusieurs reprises lors des débats des primaires. Quant à son projet protectionniste de renégociation des traités de libre-échange à l'avantage des États-Unis, il se rapproche plus des vues du socialiste Bernie Sanders que de celles du parti de Reagan, jusqu'ici profondément libre-échangiste, mais dont la base est, il est vrai, en train de muter.

Au fond, Donald Trump apparaît plutôt comme un pragmatique opportuniste, surfant à l'instinct sur la colère populaire et cherchant à tirer parti des situations qui se présentent. « *Donald est comme un sportif, il veut gagner* », explique son vieil ami Guido Lombardi. « *Quand il est sur le ring, tous les coups sont permis, mais quand la partie est terminée, c'est un autre homme* », dit-il. Lombardi explique qu'il faut donc distinguer entre la rhétorique de Trump et ses actes. « *Les exagérations, les attaques, tout cela est calculé, c'est une véritable méthode de combat* », dit-il. Dans son livre *The Art of the Deal*, Donald parle d'ailleurs ouvertement de sa tendance à embellir et travestir la vérité pour gagner les autres à ses arguments et obtenir ce qu'il veut. « *J'en appelle à l'imagination des gens. Je suis dans l'hyperbole sincère. C'est une forme innocente d'exagération et un moyen très efficace de promotion* », écrit-il. Chez lui, les excès rhétoriques sont comme une arme, destinée à frapper l'adversaire jusqu'à ce qu'il rende gorge. Ils ont aussi valeur de méthode de négociation, le magnat semblant persuadé qu'en se positionnant de manière scandaleusement extrême il pourra affaiblir la résolution de l'adversaire, quitte à lâcher ensuite du lest. Une méthode de manipulation commerciale et aussi de séduction poussée à l'extrême.

Mais Trump affirme aussi être capable de trouver des compromis raisonnables, parce que « *c'est ce qu'il a toujours fait* ». Après une réunion qui s'est tenue le 21 mars à Washington entre Trump et un groupe de lobbyistes et d'élus pour aplanir les relations entre le candidat et le parti, plusieurs des personnalités présentes ont confié avoir rencontré un homme pondéré, très différent du candidat au parfum de scandale qui fait fureur sur les chaînes de télévision et les réseaux sociaux. Après son ralliement, Ben Carson a lui aussi décrit un « *Donald* » raisonnable : « *J'ai été vraiment séduit* », a-t-il assuré. Mais la question qui hante Washington est de savoir si ce Trump rationnel serait capable de contrôler durablement un ego démesuré et un caractère explosif, qui continuent de dérouter et d'inquiéter l'écrasante majorité des observateurs. La campagne Clinton a d'ailleurs fait du tempérament de Trump son principal angle de bataille, le déclarant « *inapte* » à la fonction présidentielle.

Questions sur un ego : un homme sans limites ?

« *Je serai très présidentiel si je suis élu, le plus présidentiel de tous les présidents qui aient jamais été élus, à part Abraham Lincoln, bien sûr* », déclarait avec sa modestie légendaire (*sic*) le candidat à un journaliste du *Washington Post* qui lui demandait s'il était digne d'un futur président d'évoquer sa virilité lors d'un débat télévisé diffusé en direct. L'épisode a fait le tour du pays, et même du monde, tant il était consternant. À la décharge de Donald Trump, c'est son concurrent Marco Rubio qui avait ouvert les « *festivités sexuelles* », en pleine primaire républicaine, en se moquant des petites mains de son rival dans un meeting. «*Vous connaissez le dicton. Quand on a de petites mains…* » avait-il lancé, sous-entendant que le pénis du magnat devait être de petite taille. Mortifié, « l'alpha mâle » Trump – qui ne cesse de répéter qu'il rendra sa grandeur à la nation

– n'a pu s'empêcher d'aborder le sujet pendant le débat télévisé suivant pour assurer le bon peuple d'Amérique qu'il n'y avait « *aucun problème de ce côté-là* »… Un peu plus tard, lors de sa rencontre avec les éditorialistes du *Washington Post*, disponible en version audio sur Internet, il est revenu sur la taille de ses mains, pour affirmer qu'elles étaient « *de très bonnes mains* » et demander aux journalistes de le confirmer… Il y avait quelque chose d'étrangement enfantin dans cette insistance, comme s'il ne pouvait s'arrêter d'en parler et était incapable de se contrôler. « *Pourrions-nous passer à autre chose ?* » a fini par l'interrompre l'un des journalistes présents, visiblement aussi surpris qu'agacé…

L'un des traits les plus frappants de la campagne de Donald Trump est la manière obsessionnelle dont il ne cesse de parler de lui-même et de vanter tout ce qu'il fait. À l'en croire, tout est « *great* » chez lui : ses victoires, ses succès, ses entreprises, ses tours, ses équipes, ses projets, sa famille et, bien sûr, lui-même. À chaque question posée, il ne peut s'empêcher de faire allusion au fait qu'il est « *le meilleur* » et qu'il domine les sondages. Et quand ce n'est plus vrai, il n'en parle pas. Pour avoir une idée de la taille de l'ego de Trump, il faut lire les confessions que livre à la journaliste Jane Mayer l'ancien reporter Tony Schwartz, qui fut le « nègre » de Trump pour son fameux ouvrage *The Art of the Deal*. Bien sûr, le témoignage est à prendre avec des pincettes. L'homme est un libéral, donateur régulier au parti démocrate, et son irruption tardive dans le débat fleure l'opportunisme politique. Mais cet éclairage n'en est pas moins intéressant et très dérangeant si Schwartz est tout à fait honnête. Après s'être tu pendant trente ans, cet ancien reporter, qui toucha la moitié des cinq cent mille dollars d'avance du livre ainsi que la moitié des millions de dollars de royalties qui suivirent, assure vouloir prendre la parole parce qu'il est « *terrifié par la perspective d'une présidence Trump*[1] ». « *Jamais je n'aurais parlé si Trump ne s'était pas présenté. Mais depuis qu'il a annoncé sa candidature, je ne dors plus* », dit-il. « *Il n'a aucune capacité de concentration* », déclare Schwartz à la journaliste Jane Mayer, affirmant qu'il est impossible de le maintenir concentré plus de quelques minutes « *sur tout autre sujet que son désir de se grandir* ».

Soulignant être l'un des rares à le connaître en profondeur pour avoir passé dix-huit mois à

---

1. Jane Mayer, « Donald Trump's ghost writer tells all », *The New Yorker*, 22 juillet 2016.

le suivre partout et à écouter ses conversations quotidiennes avec ses employés, ses partenaires et ses clients, en 1987, il dit que Trump n'a aucune idéologie mais que « *son caractère l'inquiète* ». Il parle « *d'un niveau de superficialité et d'ignorance stupéfiant* », déclare que le milliardaire n'a sans doute jamais lu un seul livre et qu'il n'est intéressé que par lui-même. « *Trump représente toutes les choses que j'abhorre* », écrit-il dans son propre journal en 1987, alors même qu'il rédige l'autobiographie de Trump, qui en fait un personnage attirant et formidable. « *Son désir de marcher sur les gens, ses obsessions gigantesques, son manque total d'intérêt pour toute autre chose que le pouvoir et l'argent.* » « *C'est un trou noir vivant* », note-t-il dans ce même journal, soulignant « *son besoin compulsif d'attention et de réussite* ». « *S'il pouvait se présenter au poste d'empereur du monde, il le ferait* », confie Schwartz au *New Yorker*, ajoutant, avec emphase que, « *s'il gagne et obtient les codes nucléaires, il y a une vraie possibilité que cela mène à la fin de la civilisation* ». L'ex-reporter se dit stupéfait par la capacité du magnat à mentir ou à déformer la réalité. « *Il passait son temps à manipuler les gens,* affirme-t-il, *mentir, c'est sa seconde nature.* » « *Je n'ai jamais rencontré personne qui ait la capacité de se convaincre* que tout ce qu'il dit est vrai, partiellement vrai ou devrait être vrai », note Schwartz, ajoutant par exemple que Trump s'est autopersuadé d'avoir écrit le livre, alors qu'il n'a fait qu'apporter quelques annotations minimes. « *Son indifférence à la vérité lui a toujours donné un étrange avantage* », conclut l'ancien nègre de Trump, regrettant d'avoir « *mis du rouge à lèvres sur un cochon* » en embellissant le personnage. Donald Trump a réfuté ces accusations, affirmant qu'il avait écrit le livre.

Les psychologues invités à observer le comportement du milliardaire jugent que son ego surdimensionné pourrait, en réalité, dissimuler un profond sentiment d'insécurité lié à un manque de confiance en ses capacités remontant à l'enfance. Peut-être faut-il en chercher la source dans sa relation à un père jamais satisfait et toujours plus exigeant, envisage son biographe Michael D'Antonio. Citant le sociologue Christopher Lasch et ses théories sur la « *génération Moi* », le reporter voit dans l'ego boursouflé du milliardaire le reflet d'une culture narcissique propre à une génération peu sûre de son identité et donc éternellement frustrée, « *avide d'une attention et d'une richesse toujours insuffisantes* ». Mais D'Antonio, bien que critique de Trump, note également que ce type de narcissisme n'est pas nécessairement un handicap dans la mesure où il peut devenir une incitation à accomplir de grandes choses. « *L'ambition est son moteur* », écrit-il dans sa biographie au titre révélateur : *Never enough*, rejoignant l'avis de Schwartz sur ce point. Une forme de définition du rêve américain, finalement, selon laquelle seul « *le ciel est la limite* ».

L'idée d'un « homme sans limites » nous paraît apporter une définition intéressante du profil psychologique de Donald Trump, peut-être même plus fertile que le concept de narcissisme, employé par D'Antonio et par beaucoup d'autres. Même si ces deux idées ne sont pas contradictoires. Cette absence de limites est, en effet, au cœur de la manière d'agir du milliardaire – que ce soit en politique, en affaires ou dans sa vie privée – et même dans sa façon de s'exprimer. Avançant sans filtre, Trump fait exploser les règles de comportement politique, les codes de langage, le politiquement correct, mais aussi les traditions de courtoisie et de prudence qui caractérisaient jusqu'ici un monde certes brutal mais réglementé. Il semble ignorer volontairement les exigences de modestie et de bon goût exigées de tout candidat classique. Il repousse les limites des critiques admises contre ses adversaires, en utilisant des noms d'oiseaux et des attaques *ad nominem*, comme quand il ironise sur le physique de Carly Fiorina – « *Look at this face* » – ou sur la faible énergie de Jeb Bush. « *Saurait-il du coup se maîtriser, il semble tellement impulsif, c'est une vraie question inquiétante* », se demande l'ancien ambassadeur en Ukraine John Herbst, aujourd'hui en charge du dossier russe à l'*Atlantic Council*. « *C'est un débutant en politique, laissons-lui du temps* », réplique Ed Cox, chef du parti républicain de New York, pour qui ce discours non filtré est ce qui a fait le succès de Trump, mais explique aussi ses erreurs actuelles.

Trump n'hésite pas, non plus, à repousser les limites de ce que l'Amérique peut se permettre pour lutter contre le terrorisme, comme bloquer les musulmans à la frontière, légaliser la torture… Il fait fi des limites de la droite et de la gauche, puisant idées et électeurs dans les deux camps. Et il repousse les frontières du consensus qui existait sur l'engagement de l'Amérique dans le monde en proposant de renoncer à son rôle de gendarme. Un autre sujet qui taraude beaucoup de monde, dit Herbst, soulignant « *le caractère profondément dangereux et déstabilisateur des doutes émis par le milliardaire sur sa volonté de rester dans l'alliance atlantique »*, notamment.

Ce qui est fascinant, dans ce concept d'un Trump sans limites, c'est qu'il est à la fois la raison de son incroyable succès et de la peur qu'il suscite. Il génère l'adhésion parce qu'il est l'homme que le peuple juge suffisamment audacieux et « hors système » pour *« penser hors de la boîte »*, briser le *statu quo* et prendre d'assaut le château protégé de la classe politique. Mais il est aussi le candidat qui fait peur à l'élite, précisément parce qu'il semble capable de transgresser toutes les limites pour atteindre ses buts. Voire de finir de détruire les fragiles équilibres d'un monde en plein tourment.

Tentations autoritaires et pulsions complotistes ?

Cette absence de limites indique-t-elle qu'un Trump président aurait tendance à devenir un dirigeant autoritaire ? Ses détracteurs redoutent que, en l'absence d'une *« boussole morale »* forte, son pragmatisme et sa flexibilité ne débouchent sur une violation des principes et des abus de pouvoir. Bref, que la fin justifie tous les moyens. Et que le relativisme moral ne finisse par menacer le respect de la loi et de la vérité, qui, en démocratie, doivent éclairer les décisions d'un président. Les libertés stupéfiantes prises par le candidat avec la vérité, décrites plus haut, donnent à ces inquiétudes des élites une force alarmante. *« Lorsque le vrai et le faux n'importent plus, cela nous empêche de prendre de bonnes décisions au nom des générations futures »*, a mis en garde le président Obama au mois de mars pour dénoncer les approximations ou fausses affirmations lancées à l'emporte-pièce par les candidats républicains. La fascination que Trump a exprimée pour Vladimir Poutine, un adepte du relativisme moral pour lequel il n'y a pas de vérité, seulement des points de vue cachant des intérêts froids, est à cet égard significative. Dans un monde où Trump et Poutine seraient face à face, la vérité importerait-elle encore ?

Candidat de l'ordre, on l'a vu plus haut, le magnat semble aussi avoir une prédilection pour *« la force »*, comme l'a montré le commentaire étonnamment positif qu'il a fait en 1989 sur la *« fermeté »* de l'élite chinoise après l'*« émeute de Tiananmen »*. Le moins que l'on puisse dire est qu'il ne semble pas particulièrement soucieux des droits de l'Homme ! *« En cas d'attaque terroriste sous une présidence Trump, ses instincts pour-*

raient poser un éventuel problème », considère une source proche du renseignement américain, sous-entendant qu'on pourrait assister à certaines dérives de l'exécutif, comme sous Bush… Plusieurs anciens hauts responsables de la sécurité nationale échaudés, comme l'ancien patron de la CIA Michael Hayden, se disent si inquiets qu'ils ont évoqué l'idée d'un devoir de désobéissance éventuelle, si un « *président Trump* » en venait à enfreindre les Conventions de Genève…

Les obsessions complotistes de Trump ont aussi quelque chose de préoccupant. Pourquoi s'est-il acharné si longtemps, par exemple, à affirmer que Barack Obama n'était pas né aux États-Unis ? Se retrouvant du même coup associé à une frange de théoriciens du complot infréquentables, qui sous-entendaient que le président n'avait pas le droit d'être à son poste et était en réalité sans doute un musulman caché ? Cette question est venue me hanter tout particulièrement à l'occasion d'un déplacement à Mar A Lago, la magnifique résidence secondaire de Donald Trump à Palm Beach en Floride, qu'il a aussi aménagée en club huppé pour milliardaires et millionnaires[1]. Invitée dans cette bulle paradi-

1. Pour un compte rendu sur ce reportage, voir « Dans l'univers de Donald Trump », *Le Figaro Magazine*, juin 2016.

siaque par l'homme d'affaires italo-américain proche de Trump, Guido Lombardi, un ancien de la Ligue du nord italienne qui y organisait un meeting informel d'activistes régionaux des « *Citoyens pour Trump* », j'y ai croisé quelques personnages énigmatiques qui semblaient appartenir à cette mouvance complotiste. Parmi eux, notamment, un ancien mannequin qui s'est présentée à l'assistance comme une « *amie de Donald* ». « *Barack Obama avait déjà beaucoup d'argent quand il était sénateur,* a-t-elle assuré. *Je vais vous dire ce qu'on dit ici. Il a été installé au pouvoir par l'Arabie saoudite pour détruire l'Amérique.* » « *Souvenez-vous, quand il est allé là-bas, il s'est incliné devant le roi. Celui-ci a payé pour sa campagne. Il est arrivé au pouvoir avec un seul agenda. Faire des États-Unis un pays musulman !* » a-t-elle lancé à l'emporte-pièce, tandis que plusieurs personnes dans la pièce applaudissaient.

L'historien américain Richard Hofstadter a beaucoup écrit sur la renaissance des théories du complot en Amérique, y voyant la résurgence d'une « *tradition paranoïaque* » récurrente, dans le corps social américain[1]. Donald Trump n'a jamais été aussi loin publiquement. Mais il a

---

1. Richard Hofstadter, *Le Style paranoïaque*, Éd. François Bourrin, 2012 (traduction d'un ouvrage de 1963).

plusieurs fois montré, dans ses interviews, sa prédilection pour les allusions à une lecture vaguement mystérieuse du comportement d'Obama, évoquant son « *langage du corps* » pour sous-entendre qu'il ne jouait pas franc-jeu sur la question de l'islam. La question du rapport du président à l'islam radical a déjà été évoquée plus haut et mérite débat, nous l'avons dit. Mais cette tentation complotiste pose problème. Donald Trump, qui part d'une position de franc-tireur anti-système, y échapperait-il, une fois aux affaires et plongé dans les analyses précises et froides que lui fourniraient ses services de renseignement ? « *Je ne fais pas trop confiance à leurs rapports* », a-t-il déclaré, apportant de l'eau au moulin des clintoniens qui estiment qu'il restera incontrôlable et imprévisible.

Sans exclure des dérapages à la George W. Bush, les républicains qui ont choisi de le soutenir jugent le système de contre-pouvoirs et les institutions américaines trop importants pour qu'il y ait péril en la demeure. « *Dans le système américain, le Congrès est si puissant que Trump ne pourrait rien faire contre lui, s'il en avait l'intention* », note Pat Buchanan qui, il est vrai, soutient l'homme d'affaires dont il approuve le diagnostic sur le « *malade* » américain tout en se demandant s'il fera « *un bon chirurgien* ». A-t-il des doutes sur la personnalité de Trump ? « *À l'évidence, ce n'est pas un modèle d'humilité. Mais je ne crois pas du tout à un danger de tyrannie, nous sommes aux États-Unis* », juge l'ancien conseiller de Nixon et Reagan. Les pessimistes du camp républicain craignent quant à eux un éventuel scénario à la Nixon, à la Berlusconi ou à la Marion Barry. Ce dernier, célèbre et truculent maire de Washington plébiscité par les masses populaires, avait profité de son charisme et de l'amour du « petit peuple » pour transformer la machine politique washingtonienne en instrument de pouvoir à sa main. « *Je vois des vrais parallèles avec Berlusconi* », avoue d'ailleurs Guido Lombardi, qui a été le conseiller du leader italien. Le scénario de l'homme fort prenant des libertés avec le système, et l'utilisant à son profit, n'est évidemment pas à exclure. « *Son rapport avec les journalistes, notamment, n'est pas rassurant*, souligne l'ancien ambassadeur John Herbst, qui craint que Trump ne comprenne pas le fonctionnement d'un gouvernement. « *Un pays n'est pas une entreprise. Le risque est que Trump, parce qu'il voudra des résultats, ne soit tenté de forcer le système, en usant à outrance de ses pouvoirs présidentiels.* » De ce point de vue, l'usage excessif des décrets présidentiels par Obama lui a ouvert la voie, affirment nombre de républicains, qui plaident pour un retour à un État central plus minimal, au profit des États et des régions.

Mais le « peuple de Trump », lui, n'a pas peur des défauts de son champion et de ses possibles tendances autoritaires. « *Tout le monde nous marche dessus parce que nous ne sommes pas assez durs. On prend nos gens en otages et on les torture. Trump arrêtera ça !* » confiait par exemple Frank Mango à Philippe Rucker du *Washington Post* en avril 2016. « *Trump est très dur, c'est ce qu'il nous faut, il est temps d'arrêter de se comporter comme des carpettes* », renchérissait Margaret Power, citée dans le même article. « *On n'est pas là pour désigner le nouveau prêtre de ma paroisse* », me confirmait l'entrepreneur Fred Burgos, un fan de Trump, rencontré en Virginie. « *Est-ce que le fait d'avoir des gentils nous a aidés ? Pas vraiment* », notait aussi Ron Wilcox, favorable à l'arrivée d'un « *gars plus dur* » pour affronter un monde « *bien sombre* ».

« *Les républicains veulent un anti-héros* », note le journaliste James Poulos[1]… « *Aujourd'hui, nous n'avons pas confiance en des héros politiques.*

---

1. James Poulos, « The Donald rises : Why republicans want an anti-hero in 2016 », *The Week*, 1ᵉʳ septembre 2015.

Nous ne voulons personne qui nous délivre, qui nous tire vers le haut. Nous voulons juste quelqu'un qui pulvérise ce qui reste de notre monde dysfonctionnel, qui triomphe de nos ennemis les plus durs et nous laisse capables de décider de nos vies entre nous », explique-t-il.

Donald, Marine, Boris, Geert...
ou la révolte populiste de l'Occident

Le 30 novembre 1980, quelques jours après l'élection de Ronald Reagan à la présidence des États-Unis, le grand écrivain américain Norman Mailer donnait une interview fleuve au quotidien *Le Monde*. Il y reconnaissait s'être « *trompé sur son compte à tous les coups !* ». « *Je suis un peu dépassé en ce qui concerne Reagan* », disait-il, précisant avoir pensé qu'un autre républicain, John Connally, complètement oublié depuis, emporterait la primaire. « *Je l'ai d'abord traité de tête de linotte. Mais quand il a gagné l'investiture, je l'ai appelé la super-tête de linotte... Après le débat avec Carter, j'ai pensé que c'était un acteur de troisième catégorie.* » Mailer notait avoir finalement décelé chez Reagan un caractère aimable, précisant que s'il était démocrate il le préférerait désormais à Carter, parce qu'« *un homme avec une personnalité malheureuse a été remplacé par un homme avec une personnalité agréable* ». Mais, malgré cet aveu, Mailer continuait d'accabler Reagan. « *Cet homme a du mal à retenir même les mots qu'on utilise en politique. Quant à comprendre les idées politiques, cela le dépasse* », déclarait-il au journaliste Pierre Dommergues dans cette même interview. « *Il y a des problèmes politiques véritables, et je ne pense pas que Reagan soit équipé pour les affronter* », jugeait-il. Prévoyant qu'avec lui l'Amérique irait sans doute « *vers la loi martiale* », la poursuite du déclin économique et le pillage de la nation. Il exprimait son peu de sympathie pour la classe moyenne (qui soutenait Reagan). « *Une chose m'inquiète en Amérique, c'est que les gens deviennent non pas fascistes, mais qu'ils se rapprochent de plus en plus des phases qui précèdent le fascisme* », notait le célèbre écrivain libéral.

Avec le recul, la lecture de cette interview est cruelle pour Mailer, quand on sait que Ronald Reagan a été le tombeur du communisme et est devenu une véritable icône pour la droite et même pour la gauche américaine (l'homme est ainsi un référent fréquemment cité par les démocrates, et notamment Barack Obama). Elle a en revanche une fonction d'enseignement importante, pour nous qui la lisons trente-six ans plus

tard. Elle nous appelle à nous garder de juge-
ments à l'emporte-pièce. Bref, à la prudence et
à la modestie dans la prédiction politique et
l'évaluation des candidats, et notamment celle
de Donald Trump.

Certes, Trump n'est pas Reagan, loin de là,
comme me le rappelait ce printemps son ancien
conseiller à la sécurité nationale Dick Allen, qui
confiait même qu'il ne voterait pas pour lui.
Contrairement au milliardaire, le 40ᵉ Président
des États-Unis avait été le gouverneur de la
puissante Californie avant d'accéder au pouvoir.
« Trump n'est pas un candidat sérieux ! » déclarait-
il, se disant stupéfait qu'il ait réussi à vaincre des
personnalités aussi préparées que John Kasich
par exemple, en qui Dick Allen voyait justement
« une sorte d'héritier de Reagan ». Mais la condescendance et la levée de boucliers des élites politiques actuelles contre Trump rappellent inévi-
tablement celles de l'establishment de l'époque
contre l'*outsider* Reagan, se souvient le journaliste conservateur John Gizzi, qui couvrit l'élection de 1980[1]. Toutes choses égales d'ailleurs, le
contexte politique et géopolitique de la fin de la
présidence d'Obama rappelle un peu, sous cer-

---

1. Interview avec l'auteur, juillet 2016.

tains aspects, la fin de l'ère Carter. Mêmes accusations de faiblesse et de repli de l'Amérique. Hier en raison de l'invasion de l'Afghanistan par les Soviétiques et la révolution islamique à Téhéran. Aujourd'hui en raison de la débâcle du Moyen-Orient, du défi représenté par l'État islamique et du retour d'une politique russe agressive en Europe. En 1980, le monde changeait et mettait l'Amérique au défi d'inventer une réponse aux troubles de l'époque, propulsant Ronald Reagan aux affaires. En 2016, un basculement majeur du monde est à nouveau en cours. Comment les États-Unis, cette fois, y répondront-ils ? Ceux qui espéraient des réponses toutes faites en lisant ce livre auront été déçus.

Alors, qui est vraiment Donald Trump ? Comme je l'avais indiqué au début de cet ouvrage, répondre à cette question s'est révélé un exercice difficile, presque impossible, dans l'ambiance volcanique de la présidentielle américaine. Comme j'ai essayé de le montrer, Donald Trump, personnage « *plus grand que nature* », à la fois flamboyant et déconcertant, sans peur mais aussi sans limites, séduisant mais inquiétant, n'est pas blanc ou noir. Ce n'est ni un monstre ni un chevalier. Il relève de l'exception, est doté d'un instinct politique « *presque surnaturel* », disait le journaliste Wayne Barrett. Il est l'homme prêt à sortir des sentiers battus. Mais c'est aussi un narcissique, très humain, trop humain dans ses gigantesques défauts, portant avec lui une part d'imprévisible…

Surtout, nous ne pouvons pas nous contenter de ramener le phénomène Trump à la discussion sur sa seule personne. Derrière le succès rocambolesque de cet *outsider* se profile une vague populiste de grande ampleur qui submerge non seulement l'Amérique, mais l'ensemble de l'Occident. Profondément inquiets des effets de la globalisation et d'une immigration de grande ampleur, persuadés que leurs dirigeants n'ont pas pris la mesure de la menace posée par le terrorisme islamique, les peuples, en mal d'identité, se rebellent. Brexit, montée en puissance des partis d'extrême droite à travers l'Europe… De Marine Le Pen à Boris Johnson en passant par le Néerlandais Geert Wilders[1] – lequel s'est d'ail-

---

1. Pour l'ami de Donald Trump, Guido Lombardi, ces correspondances sont évidentes. L'homme d'affaires italo-américain, qui anime un mouvement de « soutien citoyen » à Donald Trump, est d'ailleurs lui-même en contact avec plusieurs mouvements nationalistes musclés ou d'extrême droite comme le Front national ou la Ligue du nord italienne. Il raconte avoir récemment reçu la visite dans son appartement de la Tour Trump du populiste néerlandais Geert Wilders. Il note toutefois que Donald Trump s'est pour l'instant refusé à établir des relations avec Marine Le Pen et Wilders, qui ont, eux, vanté les mérites du milliardaire.

leurs rendu à Cleveland pendant la Convention républicaine pour afficher les convergences de son mouvement avec la vague trumpienne –, les nouveaux populistes européens parlent de « *correspondances* » entre leurs idées et celles de Donald Trump, qui s'est d'ailleurs ouvertement prononcé en faveur du Brexit. Le Britannique anti-Union européenne Nigel Farage, venu lui aussi soutenir Trump à la fin de l'été, a parlé de « *parallèles* ». Leur point commun est de s'emparer des problèmes que les élites se refusent à aborder de front. Ils exigent de reconsidérer les postulats décrétés par la pensée occidentale dominante : celui de l'immigration massive comme fatalité, celui du libre-échange comme panacée, celui aussi de la fin de l'État-nation.

De ce point de vue, Trump, personnage bourré de défauts et d'imprévisibilité, est porteur d'un message qui ne peut être ignoré. En esquissant le thème de « *l'Amérique d'abord* », il remet à l'ordre du jour l'idée de limites, de frontières et de donc nation. Bref, ce qu'Alain Finkielkraut définit comme « *la ligne de partage entre un dedans et un dehors, entre un nous et un eux* [1] ». Donald Trump parle à la hache, mais il

1. Interview au *Figaro*, « Il faut défendre notre civilisation », 22 juillet 2016.

révèle l'ampleur des défis et refuse de les éluder. Les réponses qu'il propose sont controversées, potentiellement dangereuses. Mais elles attaquent le sujet central de front. La capacité de l'Occident à protéger sa civilisation et à établir un nouveau *modus vivendi* avec le monde.

Les élites n'ont pas tort de craindre les risques inhérents à ces mouvements populistes. Dans leur désir de se dresser contre l'ordre existant, de se débarrasser des experts et des politiciens traditionnels, bref de tout ce qui ressemble de près à « *l'ordre établi* », on sent bien une possible dérive « révolutionnaire ». Elle pourrait amener à jeter institutions démocratiques et alliances avec l'eau du bain de la globalisation. La fascination qu'exerce le régime de Vladimir Poutine sur la plupart de ces mouvements, Trump y compris, porte en germe un risque de mépris de la démocratie, de la vérité et des contre-pouvoirs. « *On sent une volonté de purge d'un système jugé corrompu* », analyse un ami franco-américain.

Que Trump soit élu ou non, le grand défi des élites occidentales devrait donc être de définir un chemin qui prenne en compte la rébellion en cours et redonne force à l'idée de nation et de frontières, sans tomber dans les pièges de l'extrémisme et d'un nationalisme agressif. Continuer de pratiquer la politique de l'autruche serait périlleux.

Table

Achevé d'imprimer
par l'Imprimerie Floch à Mayenne
en novembre 2016.
Dépôt légal : septembre 2016.
Numéro d'imprimeur : 90335.

ISBN 978-2-84990-476-3/Imprimé en France.